LINO GARCÍA MORALES

TRATAMIENTO DIGI-
TAL DE LA IMAGEN

© Lino García Morales, 2021
© Tanezrouft Basin, imagen de portada (Land of Terror)

Impresión y editorial: BoD – Books on Demand info@bod.com.es – www.bod.com.es Impreso en Alemania – Printed in Germany

ISBN: 978-8-4137-3476-7

Índice general

A Hugo, Héctor y Viki.

Acerca de este libro

El objetivo de este libro es servir de apoyo a los estudiantes de la asignatura Tratamiento Digital de la Imagen, del Grado en Ingeniería Geomática y del Grado en Ingeniería de las Tecnologías de la Información Geoespacial que se imparte en la E.T.S.I en Topografía, Geodesia y Cartografía de la Universidad Politécnica de Madrid. En ningún caso se considera un texto completo de Tratamiento Digital de la Imagen, ni sustituye los libros recomendados en la bibliografía de la asignatura.

Sin embargo, el contenido de este libro es genérico y útil para cualquier disciplina. El código que sirve de apoyo está programa en Java; en particular para el entorno de libre distribución Processing (`https://processing.org`) y está disponible en el repositorio GitHub (`https://github.com/linogarciamorales/tdi`). El código está organizado según los capítulos de este libro y va de menor a mayor complejidad.

Introducción

UNA IMAGEN VALE MÁS QUE MIL PALABRAS.

PROVERBIO CHINO

El gigantismo de las imágenes se debe a su poder semántico. Las imágenes representan información, contenido, que es necesario segregar y fusionar, en dependencia del nivel de abstracción que se desee alcanzar. Una imagen no es más que un conjunto de píxeles con determinado color o nivel de gris pero, sobre la imagen, también es posible representar información geométrica[1].

Para analizar o segregar la información que portan las imágenes es necesario "tratar" la imagen. Algunos de estos procesos, como los de *corrección* o *mejora*, son necesarios a priori, mientras que otros procesos permiten identificar y extraer características de diferentes niveles de abstracción de la imagen; de manera tal, que generan nuevos datos o información.

El sistema visual humano no es neutro. Cualquier análisis visual está sometido a las leyes de la percepción[2] por lo que a menudo existen una serie de definiciones y procesos asociados al tratamiento de la *imagen neutral* y otros al tratamiento de la *imagen perceptual*; pero la imagen científica es aquella realizada bajo un método científico (no basta un fin).

El *pixel*, *píxel* o *pel* (picture element), es el elemento básico de una superficie o imagen digital. Cualquier imagen puede ser construida con una matriz de píxeles de colores homogéneos. El *vóxel* es la unidad cúbica básica (mínima procesable) de un volumen u objeto digital tridimensional.

[1] Información vectorial en forma de datos computables, tal como: puntos, líneas, polígonos, etc. y texto

[2] A principios del siglo XX en Alemania, una corriente psicológica conocida por «Gestalt», formuló una serie de leyes perceptuales que explican cómo el cerebro estructura y organiza los estímulos visuales.

Los dispositivos ópticos y la cámara, en particular, ya sea analógica o digital, están diseñados para operar en la región visible del espectro. En este caso resulta razonable especificar su respuesta en términos de unidades fotométricas. Sin embargo, cuando se utilizan sensores con una respuesta espectral más amplia el uso de las unidades fotométricas resulta deficiente y, a la vez, confuso. El profesor James M. Palmer, de la Universidad Arizona, escribió un artículo titulado *Radiometry and photometry FAQ*, en 2003, con el objetivo de clarificar el uso de los términos [Palmer, 2003]. La *radiometría* mide la radiación óptica; es decir, la radiación electromagnética en el rango de frecuencias entre 3×10^{11} y 3×10^{16} Hz. Este rango corresponde a longitudes de onda entre 0,01 y 1000 micrómetros (μm), e incluye regiones conocidas comúnmente como ultravioleta, visible e infrarrojo. Las unidades de uso más frecuente para medir la radiación óptica son watts/m^2 y fotones/(s esterorradián)[3].

[3] El esterorradián (sr) es la unidad del ángulo sólido.

Figura 1: Espectro electromagnético.

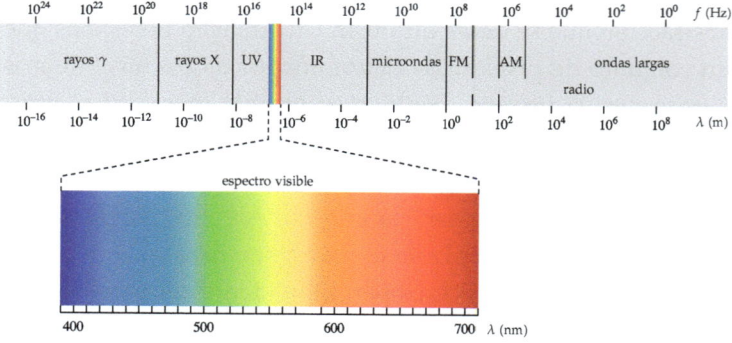

La fotometría es como la radiometría, excepto que todo está ponderado por la respuesta espectral del ojo.

La *fotometría* es la medición de la luz, definida como la radiación electromagnética detectable por el ojo humano. Este rango corresponde a longitudes de onda desde los 360 a los 830 nanómetros (nm; 1000 nm = 1 μm).

Nombre	Rango
UV-C	100–280 nm
UV-B	280–315 nm
UV-A	315–400 nm
VIS (visible)	360–830 nm
IR-A (infrarrojo cercano)	780–1400 nm
IR-B	1.4–3.0 μm
IR-C (infrarrojo lejano)	3.0 μm – 1.0 mm

Tabla 1: Franjas espectrales en el rango óptico.

Formación de la Imagen

El proceso de formación de una imagen 2D, a partir de una escena 3D, requiere de una fuente de radiación, una escena y un dispositivo de captura (cámara, sensor, CCD, etc.). La intensidad de la imagen en el "mundo" $f(X, Y, Z)$ depende de la iluminación, de la superficie de la escena y de las características de la cámara.

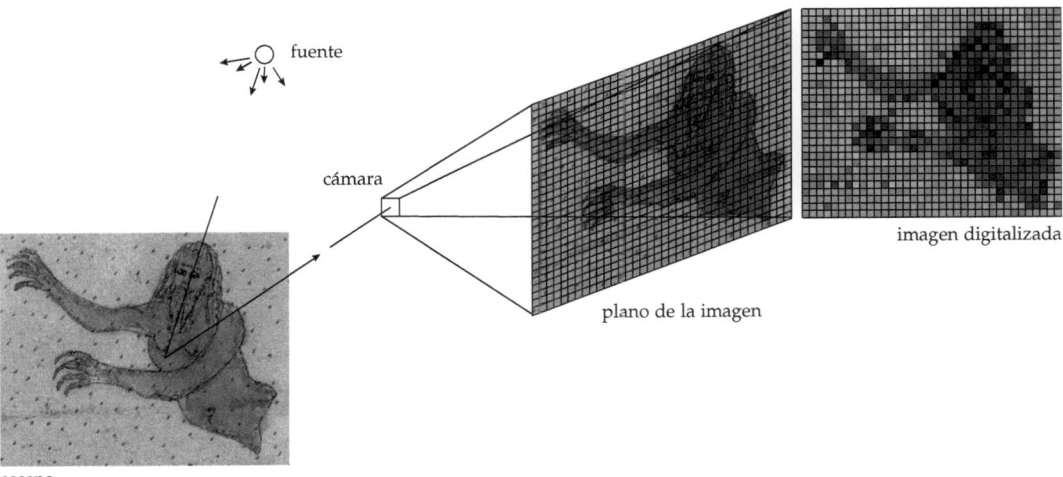

Figura 2: Proceso de adquisición de la imagen digital.

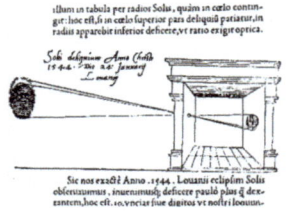

Figura 3: Modelo *pin–hole* de la cámara oscura, 1544.

Figura 4: Modelo de proyección *pin–hole* con posición negativa. Este modelo relaciona tres sistemas de coordenadas: del mundo (azul), de la cámara (rojo) y de la imagen (negro).

La Figura 2 ilustra el proceso de digitalización de la imagen. La escena refleja la luz incidente en la cámara y es allí donde se produce el plano de la imagen y a partir de donde se obtiene la imagen digital compuesta de unos y ceros.

La óptica de las cámaras digitales suele ser compleja; sin embargo el proceso de formación de la imagen suele ser explicado en términos muy simples por el modelo de un simple agujero o *pin–hole*. Este modelo reduce la óptica a un punto situado a la distancia focal de la imagen.

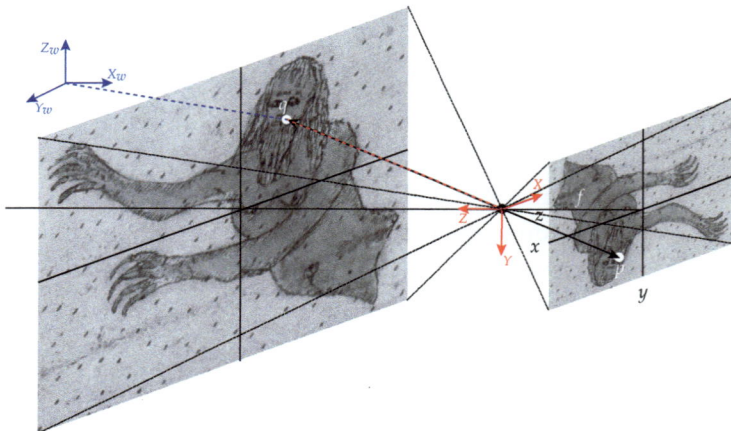

La Figura 4 muestra la relación entre un punto q del "mundo" 3D y un punto p en el plano 2D de la "imagen", en el modelo *pin-hole*. En este modelo ideal solo un rayo atraviesa desde el punto q de la escena 3D (X_w, Y_w, Z_w) hasta el punto p de la imagen 2D (x, y), por lo que todos los puntos están enfocados. El agujero debe considerarse lo suficiente pequeño para que esto se cumpla. f es la distancia focal o distancia desde el agujero hasta el plano de la imagen. Es un modelo ideal de gran valor académico. Su simplicidad es perjudicada por la poca cantidad de luz que pasa por el orificio barrera. La complejidad de las lentes justifica el enfoque a la vez que deja pasar mayor cantidad de luz.

El modelo *pin-hole* también se conoce como *modelo de cámara estenopeica*. La posición q corresponde a (X_w, Y_w, Z_w) en el *sistema de coordenadas del mundo* (azul), (X, Y, Z) en el *sistema de coordenadas de la cámara* (rojo) y (x, y, z) en el *sistema de coordenadas de la imagen* (negro). La posición de la cámara está relacionada con el sistema de coordenadas del "mundo" y la posición de un punto en la imagen con el sistema de coordenadas de la cámara. La ecuación fundacional del modelo de proyección perspectivo o *pin-hole* se puede describir mediante la relación:

$$(x, y, z) \rightarrow \left(f\frac{X}{Z}, f\frac{Y}{Z}, f \right) \quad (1)$$

La división por Z es no lineal y provoca que los objetos de la imagen siempre sean más pequeños. Para evitar la no linealidad es necesario introducir una coordenada más tal que:

$$\begin{bmatrix} x \\ y \\ 1 \end{bmatrix} = \begin{bmatrix} fX \\ fY \\ Z \end{bmatrix} = \underbrace{\begin{bmatrix} f & 0 & 0 & 0 \\ 0 & f & 0 & 0 \\ 0 & 0 & 1 & 0 \end{bmatrix}}_{K} \begin{bmatrix} X \\ Y \\ Z \\ 1 \end{bmatrix} \quad (2)$$

La matriz **K** se conoce como *matriz de proyección de la cámara*. Esta ecuación asume que el origen de la cámara, *centro de la cámara* o *centro óptico*, es el punto principal cuyas coordenadas $0 = (0_x, 0_y, 0_z)$ corresponden a $(0, 0, 0)$; pero, de manera general, pueden ser distintas de cero, tal que:

$$\begin{bmatrix} x \\ y \\ 1 \end{bmatrix} = \underbrace{\begin{bmatrix} f & 0 & 0_x & 0 \\ 0 & f & 0_y & 0 \\ 0 & 0 & 1 & 0 \end{bmatrix}}_{K} \begin{bmatrix} X \\ Y \\ Z \\ 1 \end{bmatrix} \quad (3)$$

Los modelos de proyección negativo-positivo (imagen invertida-no invertida) son equivalentes.

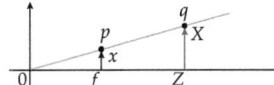

Figura 5: Geometría de una cámara *pin-hole*. En esta figura se ven dos triángulos similares, ambos con partes de la línea de proyección (gris) como sus hipotenusas. Los catetos del triángulo izquierdo son x y f y los catetos del triángulo derecho son X y Z. Dado que los dos triángulos son similares, se deducen la ecuación 1. $z = f$ es el *plano de la imagen* o *plano focal*.

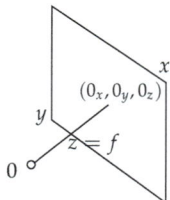

Figura 6: Cámara *pin-hole*. El centro óptico está referido al sistema de coordenadas de la cámara 0 y este, a su vez, con el centro del "mundo" 0_w.

La matriz **K** se conce también como *matriz de calibración de la cámara* o *matriz de parámetros intrínsecos* [Hartley and Zisserman, 2004, p. 155].

Observe que:

$$\begin{bmatrix} fX + Z0_x \\ fY + Z0_y \\ Z \end{bmatrix} = \begin{bmatrix} f\frac{X}{Z} + 0_x \\ f\frac{Y}{Z} + 0_y \\ 1 \end{bmatrix} = \begin{bmatrix} x \\ y \\ 1 \end{bmatrix} \qquad (4)$$

Si $\mathbf{p} = [\ x \ \ y \ \ 1\ ]^T$ y $\mathbf{q} = [\ X \ \ Y \ \ Z \ \ 1\ ]^T$, entonces:

$$\mathbf{p} = \mathbf{Kq} \qquad (5)$$

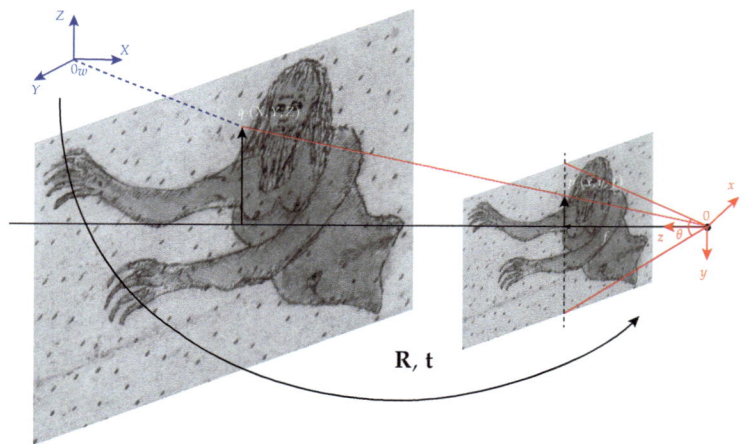

Figura 7: Modelo de proyección *pin-hole* con posición positiva, del punto *q* sobre el plano de imagen.

El modelo de la Figura 7 está justo al revés solo por comodidad. La imagen está enfrente del sistema de coordenadas; como si la luz supiera cómo pasar a través de la imagen y alcanzar el sistema de coordenadas justo en el lugar correcto. 0 es el *centro óptico* de proyección o *pin-hole*. El plano de imagen está colocado a una distancia f (longitud del foco) del centro óptico. θ es el *campo de visión* (*field of view*), $\theta = 2\tan^{-1}\frac{1}{f}$.

La cámara y el "mundo" están relacionados por una transformación *rotación* **R** + *traslación* **t**, conocida como *transformación euclídea 2D*: [**R** | **t**]; mediante la cual un punto **p** en el sistema de coordenadas de la cámara está relacionado con el "mundo" **q** según [Cyganek and Siebert, 2009, p. 26]:

$$\mathbf{p} = \mathbf{R}(\mathbf{q} - \mathbf{t}) \tag{6}$$

combinando ambas transformaciones (5) y (6):

$$\underbrace{\begin{bmatrix} x \\ y \\ 1 \end{bmatrix}}_{\mathbf{p}} = \mathbf{K} \underbrace{\begin{bmatrix} \mathbf{R} & -\mathbf{Rc} \\ 0 & 1 \end{bmatrix}}_{\mathbf{M}} \underbrace{\begin{bmatrix} X \\ Y \\ Z \\ 1 \end{bmatrix}}_{\mathbf{q}} \tag{7}$$

tal que, si $\mathbf{t} = -\mathbf{Rc}$, $\mathbf{M} = \begin{bmatrix} \mathbf{R} & \mathbf{t} \\ 0 & 1 \end{bmatrix}$, entonces:

$$\mathbf{p} = \underbrace{\mathbf{KM}}_{\mathbf{P}} \mathbf{q}. \tag{8}$$

c es una proyección del centro del "mundo" compuesta por una *rotación* y una *traslación* y **P** es la *matriz de proyección*.

La matriz de rotación:

$$\mathbf{R} = \begin{bmatrix} \mathbf{r}_1 \\ \mathbf{r}_2 \\ \mathbf{r}_3 \end{bmatrix} = \begin{bmatrix} r_{11} & r_{12} & r_{13} \\ r_{21} & r_{22} & r_{23} \\ r_{31} & r_{32} & r_{33} \end{bmatrix} = \mathbf{R}(\varphi_x)\mathbf{R}(\varphi_y)\mathbf{R}(\varphi_z), \tag{9}$$

El modelo de proyección es descrito mediante un sistema de coordenadas homogéneo. En un sistema de coordenadas homogéneas, todo punto bidimensional está definido por tres coordenadas. Matemáticamente, las coordenadas bidimensionales se hallan dividiendo los dos primeros números por el tercero, respectivamente. Básicamente, se trata de ampliar el plano euclídeo (en el caso bidimensional) al plano proyectivo, es decir, incluirle los puntos impropios o del infinito. Un punto impropio es aquel donde $Z = 0$.

donde:

$$\mathbf{R}(\varphi_x) = \begin{bmatrix} 1 & 0 & 0 \\ 0 & \cos\varphi_x & \sin\varphi_x \\ 0 & -\sin\varphi_x & \cos\varphi_x \end{bmatrix} \qquad (10)$$

$$\mathbf{R}(\varphi_y) = \begin{bmatrix} \cos\varphi_y & 0 & -\sin\varphi_y \\ 0 & 1 & 0 \\ \sin\varphi_y & 0 & \cos\varphi_y \end{bmatrix} \qquad (11)$$

$$\mathbf{R}(\varphi_z) = \begin{bmatrix} \cos\varphi_z & \sin\varphi_z & 0 \\ -\sin\varphi_z & \cos\varphi_z & 0 \\ 0 & 0 & 1 \end{bmatrix} \qquad (12)$$

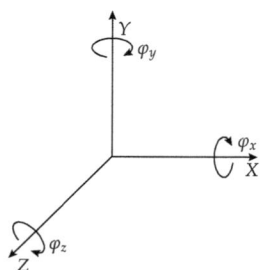

Figura 8: Rotación alrededor de los ejes.

son las rotaciones individuales sobre los tres ejes de coordenadas, con *ángulos de rotación eulerianos* φ_x, φ_y, y φ_z, uno para cada eje. Observe que la matriz de rotación $\mathbf{R}$ está determinada por tres parámetros: φ_x, φ_y y φ_z.

El vector de traslación:

$$\mathbf{t} = \mathbf{0}_w - \mathbf{0} = \begin{bmatrix} t_x \\ t_y \\ t_z \end{bmatrix}, \qquad (13)$$

reproduce el cambio en la posición del sistema de coordenadas respecto a la cámara. t_x, t_y y t_z son los desplazamientos que tienen lugar en cada uno de los ejes coordenados.

Estos seis parámetros (3 para la rotación, y 3 para la traslación) se llaman *parámetros extrínsecos* de una cámara. La matriz homogénea $\mathbf{M} = \begin{bmatrix} \mathbf{R} & \mathbf{t} \\ \mathbf{0} & 1 \end{bmatrix}$ se denomina *matriz extrínseca*.

En resumen, la *matriz extrínseca* permite transformar un punto 3D de un sistema de coordenadas del mundo a un punto 3D del sistema de coordenadas de la cámara y la *matriz intrínseca* permite proyectar este último punto en el plano de la imagen 2D.

La matriz de parámetros intrínsecos **K**, definida en (3), modela la geometría interna y la óptica de la cámara estenopeica, pero en una cámara CCD real se estima mediante calibración y suele revelar pequeñas imperfecciones. Los píxeles del sensor de la imagen pueden no ser cuadrados, por lo que es posible tener dos longitudes focales diferentes f_x y f_y; el *centro óptico* $(0_x, 0_y)$ de la cámara puede que no coincida con el centro del sistema de coordenadas de la imagen; además, puede haber un pequeño sesgo s entre los ejes x y y del sensor de la cámara; definido como el grado de perpendicularidad de los bordes del sensor. El sesgo es inversamente proporcional a la tangente del ángulo que forma el eje x con el eje y; si los píxeles son rectangulares $s = 0$. La matriz intrínseca, por lo tanto, puede ser reescrita como:

$$\mathbf{K} = \begin{bmatrix} f_x & s & 0_x & 0 \\ 0 & f_y & 0_y & 0 \\ 0 & 0 & 1 & 0 \end{bmatrix}. \tag{14}$$

Si el número de píxeles por unidad de distancia en coordenadas de la imagen es $[h_x, h_y]$, en las direcciones x e y, el valor de las coordenadas en píxeles corresponde a:

$$\hat{x} = (x - 0_x)h_x \tag{15}$$

$$\hat{y} = (y - 0_y)h_y \tag{16}$$

(x, y) están relacionados con el plano de la imagen.

La matriz extrínseca describe la posición de la cámara en el espacio.

La matriz intrínseca contiene todos los parámetros necesarios para modelar la geometría de la cámara; describen la orientación interior de la cámara (esta orientación es determinada mediante un proceso de *calibración*. Una *cámara calibrada* es una cámara de la cual se conocen completamente su matriz intrínseca con una precisión suficiente para el trabajo que se desea realizar. Una *cámara métrica* es una cámara calibrada estable durante el tiempo de uso [Förstner and Wrobel, 2016, p. 460].

Observe que el punto de origen de la cámara $(x, y) = (0,0)$ se transforma en el punto $(-0_x h_x, -0_y h_y)$. El valor $\frac{h_y}{h_x}$ se denomina *relación de aspecto*.

La transformación $\mathbf{p} = \mathbf{Pq}$, con $\mathbf{P} = \mathbf{KM}$, del espacio proyectivo 3D al plano proyectivo 2D asigna el mismo punto del plano de la imagen a todos los puntos de una línea que pasa por 0 y cualquier otro punto del espacio proyectivo. Este hecho se suele denotar con un factor de escala adicional, tal que: $\lambda\mathbf{p} = \mathbf{Pq}$ [Cyganek and Siebert, 2009, p. 29]; donde λ es un escalar.

Para obtener la posición en coordenadas de píxeles se debe redefinir la matriz de proyección (8) en términos de la transformación de coordenadas del mundo a coordenadas de la cámara en píxeles tal que:

$$\hat{\mathbf{p}} = \mathbf{HPq} \qquad (17)$$

donde: $\mathbf{H} = \begin{bmatrix} h_x & 0 & -0_x h_x \\ 0 & h_y & -0_y h_y \\ 0 & 0 & 1 \end{bmatrix}$ y $\mathbf{P} = \mathbf{KM}$.

Además del modelo lineal, es necesario añadir modelos no lineales para determinar y corregir las *aberraciones geométricas y cromáticas*.

Las *aberraciones geométricas* se deben, sobre todo, a "las distorsiones que se encuentran en los sistemas ópticos reales [que] surgen principalmente de la no linealidad de estos elementos, así como de la dependencia de los parámetros ópticos de la longitud de onda de la luz incidente" [Cyganek and Siebert, 2009, p. 27]. Entre las aberraciones geométricas se encuentran: aberración esférica, coma, astigmatismo, curvatura del campo de visión y distorsión.

Las *aberraciones cromáticas* se deben a la no uniformidad de la distribución de la intensidad de la iluminación y suelen ser modeladas como distorsiones radiales[4] y modeladas mediante una corrección no lineal (desplazamiento) a las coordenadas reales de un punto de imagen dado; añadiendo términos polinómicos de orden uniforme, tal que:

[4] Tipo de distorsión cuyos valores aumentan para los puntos más alejados del centro de la imagen 0. Por ejemplo, el *viñeteado*.

$$\bar{x} = \frac{x}{1+k_1 r^2 + k_2 r^4}, \quad \bar{y} = \frac{y}{1+k_1 r^2 + k_2 r^4}, \qquad (18)$$

donde $r^2 = \bar{x}^2 + \bar{y}^2$; k_1 y k_2 son los nuevos parámetros intrínsecos de la perspectiva de la cámara que modelan la influencia de las distorsiones radiales del sistema óptico [Cyganek and Siebert, 2009, p. 27].

Visión estéreo

Para obtener una imagen científica es necesario un proceso de calibración a priori que permita obtener las matrices intrínseca **K** y extrínseca **M**. Así es posible determinar la posición de un punto cualquiera del espacio 3D el plano de imagen 2D; es decir, su proyección. Sin embargo, el proceso inverso, con una sola cámara, no es posible.

La *visión estéreo* involucra dos procesos: la *fisión* de características (*features*) observadas por dos ojos (o más) y la *reconstrucción* de su preimagen tri-dimensional [Forsyth and Ponce, 2011, p. 227].

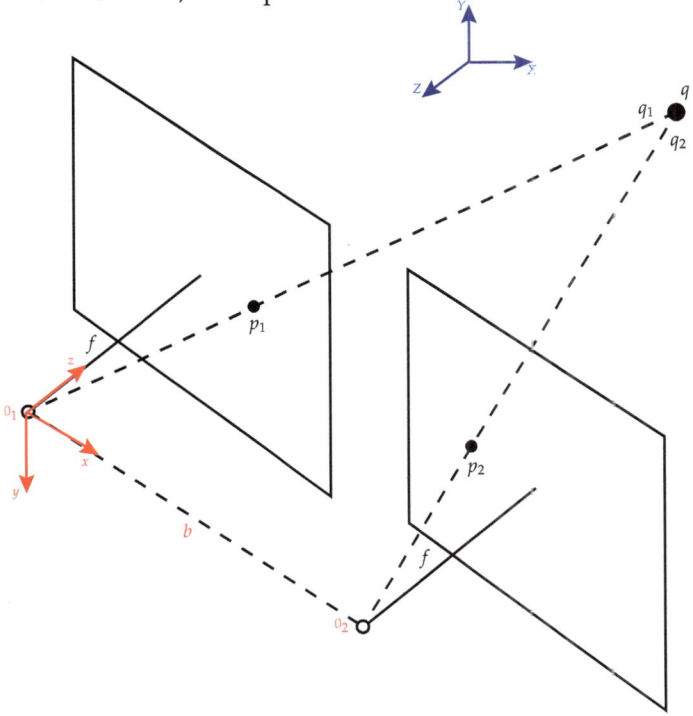

Figura 9: Visión estéreo basada en el modelo *pin–hole*. La posición 3D (X, Y, Z) es proyectada en dos planos 2D $\mathbf{p}_1 = [x_1 \; y_1 \; 1]^T$, $\mathbf{p}_2 = [x_2 \; y_2 \; 1]^T$. $b = \mathbf{0}_{x_2} - \mathbf{0}_{x_1}$ es la distancia entre los centros ópticos de las cámaras y d es la *disparidad* de la imagen o diferencia entre las coordenadas x_1 y x_2 respecto del centro de sus imágenes. Al conjunto de todas las disparidades entre dos imágenes de un par estéreo se denomina *mapa de disparidad*.

$$\mathbf{p}_i = \mathbf{K}_i\mathbf{R}_i(\mathbf{q}_i - \mathbf{t}_i) = \mathbf{K}_i \begin{bmatrix} \mathbf{R}_i & 0 \\ 0 & 1 \end{bmatrix} \begin{bmatrix} \mathbf{I} & -\mathbf{t}_i \\ 0 & 1 \end{bmatrix} \mathbf{q}_i \quad (19)$$

$$= \mathbf{K}_i \underbrace{\begin{bmatrix} \mathbf{R}_i & -\mathbf{R}_i\mathbf{t}_i \\ 0 & 1 \end{bmatrix}}_{\mathbf{M}_i} \mathbf{q}_i \quad (20)$$

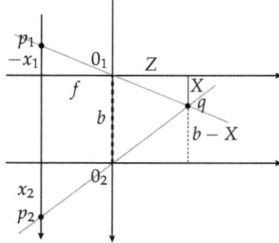

Figura 10: Geometría de visión estéreo con cámara *pin-hole*. Observe que para recuperar la coordenada (X, Y, Z) del punto q, son necesarias las proyecciones en ambas imágenes 1 y 2. La proyección que no aparece en ambas imágenes se denomina *oclusión*.

Para el sistema de ecuaciones (21-23):

$$\mathbf{K}_1 = \begin{bmatrix} f & 0 & 0_{x_1} & 0 \\ 0 & -f & 0_{y_1} & 0 \\ 0 & 0 & 1 & 0 \end{bmatrix}.$$

La *geometría epipolar* entre dos vistas es esencialmente la geometría de la intersección de los planos de la imagen que comparten como eje una *línea de base* (la línea de base es la línea que une los centros de la cámara). Esta geometría suele estar motivada por considerar la búsqueda de puntos correspondientes en la coincidencia estereoscópica [Hartley and Zisserman, 2004, p. 239].

En el ejemplo de la Figura 9, ambas cámaras comparten el mismo plano de imagen. La disparidad es inversamente proporcional a la distancia del punto q al plano de imagen. Es importante conocer la transformación geométrica que relaciona a los ejes coordenados de las dos cámaras $\mathbf{M}_i$, para $i = 1, 2$. $q_1 = [X_1, Y_1, Z_1]^T$ y $q_2 = [X_2, Y_2, Z_2]^T$, representan al mismo punto q.

Si $f_x = f_y = f$, por triangulación, a partir de (4), véase Figura 10, se obtiene que:

$$\frac{f}{Z} = \frac{(x_1 - 0_{x_1})}{X} = \frac{(x_2 - 0_{x_2})}{X - b} = \frac{(0_{y_1} - y_1)}{Y} = \frac{(0_{y_2} - y_2)}{Y}.$$

Las coordenadas en el espacio del punto q:

$$X = \frac{(x_1 - 0_{x_1})b}{d - (0_{x_1} - 0_{x_2})} \tag{21}$$

$$Y = \frac{(0_{y_1} - y_1)b}{d - (0_{x_1} - 0_{x_2})} \tag{22}$$

$$Z = \frac{fb}{d - (0_{x_1} - 0_{x_2})} \tag{23}$$

$$d = x_1 - x_2. \tag{24}$$

Observe que para obtener la posición de un punto q cualquiera en el espacio (X, Y, Z), es necesario disponer de los parámetros intrínsecos y extrínsecos de ambas cámaras e identificar el mismo punto de interés proyectado en ambas imágenes (x_1, y_1), (x_2, y_2). Un mismo punto se proyecta a la misma altura en ambas imágenes tal que $y_1 - 0_{y_1} = y_2 - 0_{y_2}$.

Es bastante difícil de reproducir en una situación de captura real que los ejes de las cámaras sean perfectamente paralelos y la *línea base*, la línea que une ambos centros ópticos, sea perpendicular a los ejes.

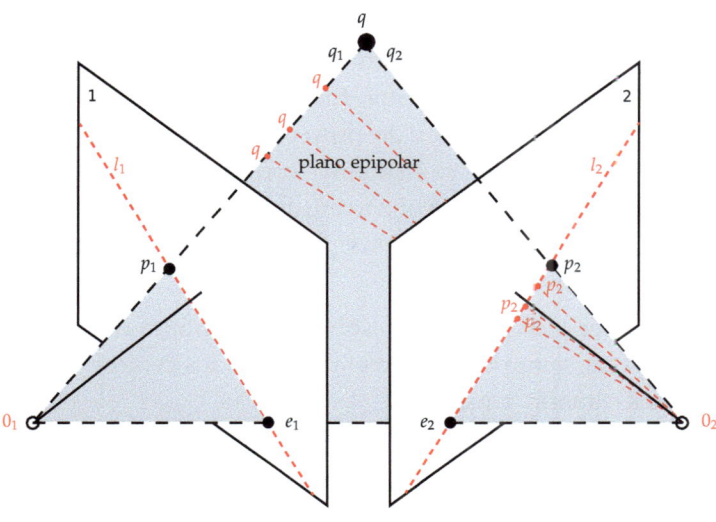

Figura 11: Visión estéreo basada en el modelo *pin–hole* con geometría epipolar. Los puntos e_1 y e_2 se conocen como *epipolos* y corresponden a las proyecciones del centro óptico de cada una de las cámaras sobre el plano de proyección de la otra. La *línea epipolar* l_1 de la cámara 1 pasa por los puntos p_1 y e_1. El *plano epipolar* está definido por el punto q y los centros ópticos 0_1 y 0_2. Los sistemas de referencia de las cámaras 1 y 2 están relacionados a través de los parámetros extrínsecos tal que: $\mathbf{t} = \mathbf{0}_{x_2} - \mathbf{0}_{x_1}$ y $\mathbf{p}_2 = \mathbf{R}\left(\mathbf{p}_1 - \mathbf{t}\right)$. Observe que sobre p_1 es proyectado cualquier punto q sobre el rayo que corta p_1 y 0_1 y que cada uno de estos puntos tendrá su proyección p_2 correspondiente sobre la línea epipolar de la imagen 2.

La *geometría epipolar* es la geometría proyectiva entre dos vistas: relaciona las proyecciones de un punto cualquiera del espacio 3D con dos puntos 2D en el plano de la imagen de dos cámaras rotadas y trasladadas una respecto a otra; solo depende de la posición relativa y los parámetros internos de las cámaras [Hartley and Zisserman, 2004, p. 239]. Dicho de otra manera, la geometría epipolar relaciona las proyecciones en una imagen con las de la otra, en todo el espacio capturado por ambas cámaras.

La Figura 11 muestra el principio fundamental en el que se basa la geometría epipolar. En esta geometría:

- Todo punto dentro del campo de visión de las cámaras tiene una proyección en la línea epipolar de cada cámara.

- Un punto en el plano proyectivo de una cámara tiene una proyección asociada de la otra imagen situada a lo largo de su línea epipolar. Esto se conoce como *restricción epipolar*.

La restricción epipolar satisface la ecuación:

$$\mathbf{p}_1 \cdot [\mathbf{t} \times (\mathbf{R}\mathbf{p}_2)] = 0; \quad (25)$$

donde $\mathbf{p}_1$ es el vector de coordenadas de la proyección de q en la imagen 1, $\mathbf{t}$ es el vector de traslación que separa los sistemas de coordenadas de ambas imágenes y $\mathbf{R}$ es la matriz de rotación.

- La restricción epipolar permite, una vez conocida la geometría epipolar del sistema, realizar una búsqueda unidimensional de los pares de proyecciones a lo largo de las líneas epipolares (esto disminuye considerablemente la carga computacional al realizar búsquedas de correspondencias, a la par que se descartan puntos que puedan producir falsos positivos).

- Cualquier plano epipolar asociado a un punto del espacio intersecta siempre con la recta que une los centros ópticos de las cámaras 1 y 2.

- Las proyecciones de los puntos en las imágenes de las cámaras 1 y 2 tienen el mismo orden cuando los puntos son vistos por ambas cámaras simultáneamente.

Si los vectores $\mathbf{p}_1$ y $\mathbf{t}$, por ejemplo, pertenecen al mismo plano epipolar de la cámara 1, entonces el vector $\mathbf{p}_1 - \mathbf{t}$, también pertenece al mismo plano; lo que se puede expresar como:

$$(\mathbf{p}_1 - \mathbf{t}) \cdot (\mathbf{t} \times \mathbf{p}_1) = 0. \quad (26)$$

El productor vectorial $\mathbf{t} \times \mathbf{p}_1$ puede ser escrito como:

$$
\begin{aligned}
\mathbf{t} \times \mathbf{p}_1 &= \begin{vmatrix} t_x & t_y & t_z \\ p_{1_x} & p_{1_y} & p_{1_z} \\ \mathbf{i} & \mathbf{j} & \mathbf{k} \end{vmatrix} \\
&= \mathbf{i}(t_y p_{1_z} - t_z p_{1_y}) - \mathbf{j}(t_x p_{1_z} - t_z p_{1_x}) + \mathbf{k}(t_x p_{1_y} - t_y p_{1_x}) \\
&= \begin{bmatrix} -t_z p_{1_y} + t_y p_{1_z} \\ t_z p_{1_x} - t_x p_{1_z} \\ -t_y p_{1_x} + t_x p_{1_y} \end{bmatrix} \\
&= \begin{bmatrix} 0 & -t_z & t_y \\ t_z & 0 & -t_x \\ -t_y & t_x & 0 \end{bmatrix} \begin{bmatrix} p_{1_x} \\ p_{1_y} \\ p_{1_z} \end{bmatrix} = \mathbf{T}\mathbf{p}_1
\end{aligned} \quad (27)
$$

La multiplicación de la matriz $\mathbf{T}$ por un vector, $\mathbf{p}_1$ por ejemplo, es equivalente al producto vectorial o producto en cruz $\mathbf{t} \times \mathbf{p}_1$. La descomposición de $\mathbf{t}$ en $\mathbf{T}$ se suele representar como $[\mathbf{t}]_\times$. $\mathbf{i} = [1,0,0]^T$, $\mathbf{j} = [0,1,0]^T$ y $\mathbf{k} = [0,0,1]^T$, son vectores unitarios.

Sustituyendo $\mathbf{p}_2 = \mathbf{R}(\mathbf{p}_1 - \mathbf{t})$ y $\mathbf{t} \times \mathbf{p}_1$ en (26), se obtiene:

$$(\mathbf{R}^{-1}\mathbf{p}_2)^T \mathbf{T}\mathbf{p}_1 = 0; \qquad (28)$$

teniendo en cuenta que $\mathbf{R}$ es ortogonal y reajustando se llega a:

$$\mathbf{p}_1^T \mathbf{T}\mathbf{R}\mathbf{p}_2 = 0, \qquad (29)$$
$$\mathbf{p}_1^T \mathbf{E}\mathbf{p}_2 = 0, \qquad (30)$$

Teniendo en cuenta que los puntos p_1 y q_1, p_2 y q_2 pertenecen al mismo plano epipolar (véase Figura 11), también se cumple que: $\mathbf{q}_1^T \mathbf{E}\mathbf{q}_2 = 0$.

La *matriz esencial* $\mathbf{E} = \mathbf{T}\mathbf{R}$ establece una unión natural entre la restricción epipolar y los parámetros extrínsecos del sistema estéreo. La ecuación (30) establece la restricción epipolar o condición de incidencia en la que uno de los puntos siempre se encuentra sobre la línea epipolar definida por el otro.

La *matriz fundamental* está definida en términos de coordenadas de píxeles $\hat{\mathbf{p}}_1$ y $\hat{\mathbf{p}}_2$ (17) de los planos de proyección 1 y 2 y permite reconstruir la geometría epipolar sin información de los parámetros intrínsecos o extrínsecos. Si $\mathbf{K}_1$ y $\mathbf{K}_2$ son las matrices de parámetros intrínsecos de las cámaras 1 y 2, se cumple que: $\mathbf{p}_1 = \mathbf{K}_1^{-1}\hat{\mathbf{p}}_1$ y $\mathbf{p}_2 = \mathbf{K}_2^{-1}\hat{\mathbf{p}}_2$.

La *matriz fundamental* se define como $\mathbf{F} = \mathbf{K}_1^{-T}\mathbf{E}\mathbf{K}_2^{-1}$; se cumple que:

El vector $l_1 = \mathbf{E}\mathbf{p}_2$ puede ser interpretado como el vector de la línea epipolar l_1 asociada con el punto $\mathbf{p}_2$ en la otra imagen. La ecuación 30 puede ser reescrita como:

$$\mathbf{p}_1 \cdot \mathbf{l}_1 = 0;$$

lo que expresa el hecho de que el punto p_1 está sobre la línea epipolar l_1. De la misma manera: $\mathbf{l}_2 = \mathbf{E}^T \mathbf{p}_1$.

$$\mathbf{p}_1^T \mathbf{F}\mathbf{p}_2 = 0. \qquad (31)$$

$\mathbf{l}_2 = \mathbf{F}\mathbf{p}_2$ y $\mathbf{l}_1 = \mathbf{F}^T\mathbf{p}_1$, representan las líneas epipolar correspondientes a los puntos $\mathbf{p}_2$ y $\mathbf{p}_1$, respectivamente.

La matriz fundamental $\mathbf{F}$ mapea un punto en una imagen sobre una línea (epilínea) en la otra y es la representación algebraica de la geometría epipolar.

La matriz esencial $\mathbf{E}$ y la fundamental $\mathbf{F}$ pueden ser obtenidas a partir de los parámetros intrínsecos y extrínsecos; dicho de otra manera, la calibración de las cámaras permite conocer su geometría epipolar. Como (31) se mantiene para todos los puntos del plano de la imagen, es posible considerar el caso en que el punto $\mathbf{p}_1$ está en el epipolo $\mathbf{e}_1$. por lo que: $\mathbf{p}_1^T\mathbf{F}\mathbf{e}_2$; como $\mathbf{F}$ es de rango dos, se cumple que $\mathbf{e}_1^T\mathbf{F} = \mathbf{F}^T\mathbf{e}_2 = 0$. Si se descompone la matriz $\mathbf{F}$ en sus vales singulares, tal que $\mathbf{F} = \mathbf{U\Sigma V}^T$, entonces $\mathbf{e}_2$ un una columna de la matriz $\mathbf{V}$ que corresponde a elementos distintos de cero de la matriz diagonal $\mathbf{\Sigma}$; es decir: $\mathbf{U\Sigma V}^T\mathbf{e}_2 = \mathbf{e}_1^T\mathbf{U\Sigma V}^T = 0$.

En resumen, si $\mathbf{p} = \mathbf{KM\,q}$, y se conocen las matrices intrínsecas $\mathbf{K}$ y extrínsecas $\mathbf{M}$ y la posición relativa de ambas cámaras, a partir de dos puntos $\mathbf{p}_1$ y $\mathbf{p}_2$, es posible reconstruir la posición 3D del punto $\mathbf{q}$; es decir, el punto donde intersectan los rayos que pasan por $[\mathbf{0}_1, \mathbf{p}_1]$ y $[\mathbf{0}_2, \mathbf{p}_2]$. Observe que un píxel no representa un punto en el espacio sino un rayo que pasa por ese "punto".

He utilizado el modelo estenopeico que es el más simple. El uso de lentes puede introducir distorsiones o aberraciones geométricas

Observe que la *matriz intrínseca* y *extrínseca* o la *matriz esencial* y *fundamental*, obtenidas mediante un proceso de calibración previo, permiten la reconstrucción de un objeto en el "mundo" sin aberraciones.

La ecuación 20 se puede generalizar:

$$\lambda\mathbf{p} = \mathbf{Qq}, \tag{32}$$

tal que: $\mathbf{Q} = \mathbf{KM} = \mathbf{K}[\mathbf{R}|\mathbf{t}]$; λ es un factor de corrección.

Una *ortoimagen* es aquella en la cual se han corregidos o eliminados todos los desplazamientos causados por la inclinación de la cámara, las condiciones de toma y el relieve de la superficie. Una ortoimagen está referida además a una proyección cartográfica, por lo que poseen las características geométricas de un mapa.

Ejercicios

1. Suponga que coloca el centro de la cámara en la posición
   (0,50   0,50   0,50) del sistema de referencia del mundo;
   girada según se indica en la Figura 12.

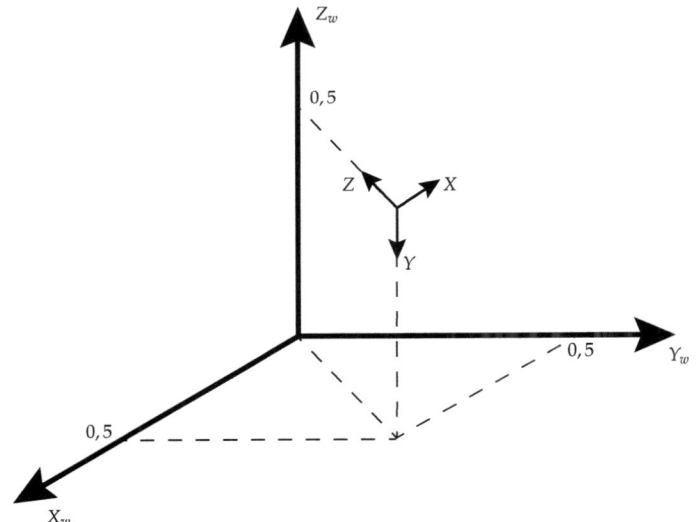

Figura 12: Disposición de la cámara en el mundo.

a) Determine el vector de traslacion **t**.

b) Determine los ángulos de rotación de la cámara: φ_x, φ_y, φ_z.

c) Con estos ángulos, determine la matriz de rotación **R** definida por la ecuación 9. Para los datos suministrados, el resultado debería ser:

$$\begin{bmatrix} 0,00 & -1,00 & -0,00 \\ 0,00 & 0,00 & 1,00 \\ -1,00 & 0,00 & 0,00 \end{bmatrix}$$

d) Con estos valores forme la matriz extrínseca. Para los datos suministrados el resultado debería ser:

$$\begin{bmatrix} 0{,}00 & 0{,}00 & -1{,}00 & 0{,}50 \\ -1{,}00 & 0{,}00 & 0{,}00 & 0{,}50 \\ 0{,}00 & 1{,}00 & 0{,}00 & 0{,}50 \end{bmatrix}$$

e) Aplique la ecuación 1 para obtener la posición en el sistema de referencia de la cámara de un punto colocado en (0,5 0,5 0) en el sistema de referencia del mundo. Para los datos suministrados el resultado debería ser: (0,50 0,00 1,00).

f) Obtenga las coordenadas del punto en el sistema de referencia de la cámara, de vuelta en el sistema de referencia del mundo. Para ello es necesario obtener la matriz inversa de:

$$\begin{bmatrix} R & t \\ 0 & 1 \end{bmatrix}^{-1} = \left[\begin{bmatrix} I & t \\ 0 & 1 \end{bmatrix} \cdot \begin{bmatrix} R & 0 \\ 0 & 1 \end{bmatrix} \right]^{-1}$$

$$= \begin{bmatrix} R & 0 \\ 0 & 1 \end{bmatrix}^{-1} \begin{bmatrix} I & t \\ 0 & 1 \end{bmatrix}^{-1}$$

$$= \begin{bmatrix} R^T & 0 \\ 0 & 1 \end{bmatrix} \begin{bmatrix} I & -t \\ 0 & 1 \end{bmatrix}$$

$$= \begin{bmatrix} R^T & -R^T t \\ 0 & 1 \end{bmatrix} \tag{33}$$

Para el ejemplo el resultado debería ser: (0,00 −0,50 0,00).

2. Asuma que la colocación de la cámara no es perfecta; el centro de la cámara tiene una desviación de 1, 1,75 y −2,5 grados respecto a cada eje X, Y y Z y la posición tiene una desviación de 0,001, -0,05 y 0,0025 metros.

Obtenga la matriz extrínseca. Para los datos suministrados el resultado debería ser:

$$
\begin{bmatrix}
0{,}0013 & 0{,}0305 & -0{,}9995 & 0{,}5010 \\
-0{,}9981 & 0{,}0610 & 0{,}0005 & 0{,}4500 \\
0{,}0610 & 0{,}9977 & 0{,}0305 & 0{,}5025
\end{bmatrix}
$$

3. Suponga que se ha fotografiado una columna vertical que tiene 12 metros de alto y se encuentra a 95 metros de la cámara. La distancia focal $f = 50$ mm. Determine el alto de la columna en la imagen en mm y número de píxeles. Asuma que la cámara tiene una resolución de 4000 puntos por pulgada (dpi, Dots per inch).

4. Una cámara tiene un sensor de 1024×768 píxeles con una dimensión diagonal de 6 mm. Cada píxel en el sensor es cuadrado. La cámara tiene una lente de 8 mm enfocando al infinito y el diámetro de la lente es de 25mm. ¿Cuál es la dimensión de un solo píxel en el sensor?

5. ¿Cuál es la resolución espacial de una escena de 4×4 metros representada por una imagen de 512×512 píxeles?

6. Suponga que la distancia focal es $f = 28$ mm. Determine la matriz de parámetros intrínsecos según la ecuación **??**.

7. Si el sesgo es despreciable y el centro de la cámara es $[0{,}001, -0{,}0005]$, obtenga la matriz intrínseca con la distancia focal anterior.

NOTA: La ecuación 14:

$$
\mathbf{K} = \begin{bmatrix}
f_x & s & c_x \\
0 & f_y & c_y \\
0 & 0 & 1
\end{bmatrix},
$$

se puede descomponer según:

$$\mathbf{K} = \begin{bmatrix} 1 & 0 & c_x \\ 0 & 1 & c_y \\ 0 & 0 & 1 \end{bmatrix} \begin{bmatrix} f_x & 0 & 0 \\ 0 & f_y & 0 \\ 0 & 0 & 1 \end{bmatrix} \begin{bmatrix} 1 & s/f_x & 0 \\ 0 & 1 & 0 \\ 0 & 0 & 1 \end{bmatrix},$$

donde la primera matriz codifica la traslación, la segunda escala y la tercera distorsiona.

8. Si el sensor de imagen tiene dimensión $[W, H]$, 36×24 mm y el tamaño de la imagen $[w, h]$ en píxeles es de 8256×5504 (45,4 megapíxeles), para la distancia focal $f = 50$ mm:

   - ¿Cuál sería la distancia focal en unidades del mundo?
   - ¿Cuál es la posición, en unidades del mundo (X_w, Y_w), correspondiente a $[4000, 2000]$ (x, y)?

   Tenga en cuenta es posible convertir de unidades de píxel a unidades del mundo (mm, por ejemplo), mediante el uso de triángulos semejantes; por ejemplo:

   $$F_x = f_x \frac{W}{w}, F_y = f_y = \frac{H}{h}$$

9. Con la matriz extrínseca obtenido en el ejercicio 2 y la matriz intrínseca, obtenida del ejercicio 7, obtenga la posición en el sistema de referencia de la cámara de un punto colocado en (0,5 0,5 0), utilizando la forma compacta de la ecuación 20.

   Recuerde que:

   $$\mathbf{p} = \mathbf{KMq},$$

   y que:

$$\mathbf{KM} = \overbrace{\underbrace{\begin{bmatrix} 1 & 0 & c_x \\ 0 & 1 & c_y \\ 0 & 0 & 1 \end{bmatrix}}_{\text{Traslación 2D}} \underbrace{\begin{bmatrix} f_x & 0 & 0 \\ 0 & f_y & 0 \\ 0 & 0 & 1 \end{bmatrix}}_{\text{Escalamiento 2D}} \underbrace{\begin{bmatrix} 1 & s/f_x & 0 \\ 0 & 1 & 0 \\ 0 & 0 & 1 \end{bmatrix}}_{\text{Distorsión 2D}}}^{\mathbf{K}} \overbrace{\underbrace{\begin{bmatrix} \mathbf{I} \mid \mathbf{t} \end{bmatrix}}_{\text{Traslación 3D}} \underbrace{\begin{bmatrix} \mathbf{R} & 0 \\ \hline 0 & 1 \end{bmatrix}}_{\text{Rotación 3D}}}^{\mathbf{M}}$$

Imagen Digital

La imagen es una proyección de la luz de una escena del mundo real 3D en un medio 2D: sensor, película, dispositivo de carga acoplada (CCD, Charge-Coupled Device), etc. En este proceso se pierde la información de una dimensión. Si solo se ve la proyección 2D (Figura 13), no es posible determinar a qué figura tridimensional corresponde[5].

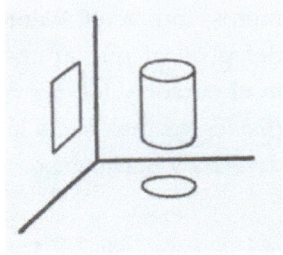

Figura 13: Proyección de un objeto en una dimensión inferior.

[5] Un círculo puede ser generado también por una esfera o un cono, mientras que el rectángulo puede ser generado por un ortoedro e incluso un prisma recto. En cuatro o más dimensiones sucedería exactamente lo mismo. Sólo se tendría acceso a las proyecciones tridimensionales de las cosas.

Figura 14: Detalle de mapa dibujado por el cartógrafo Urbano Monte en 1587.

30

Para una experiencia interactiva del mapa completo vea el enlace `https://www.davidrumsey.com/uv/index.html?manifestUrl=https%3A%2F%2Fwww.davidrumsey.com%2Fluna%2Fservlet%2Fiiif%2Fm%2FRUMSEY~8~1~303661~90074314%2Fmanifest#?c=0&m=0&s=0&cv=0&r=0&xywh=-29050%2C144%2C120176%2C69066`.

Figura 15: Detalle de la imagen correspondiente a la Figura 14, convertida en escala de gris. La matriz de números indica el valor del píxel al que apunta el cursor y los 5×5 píxeles vecinos hacia la derecha y hacia abajo.

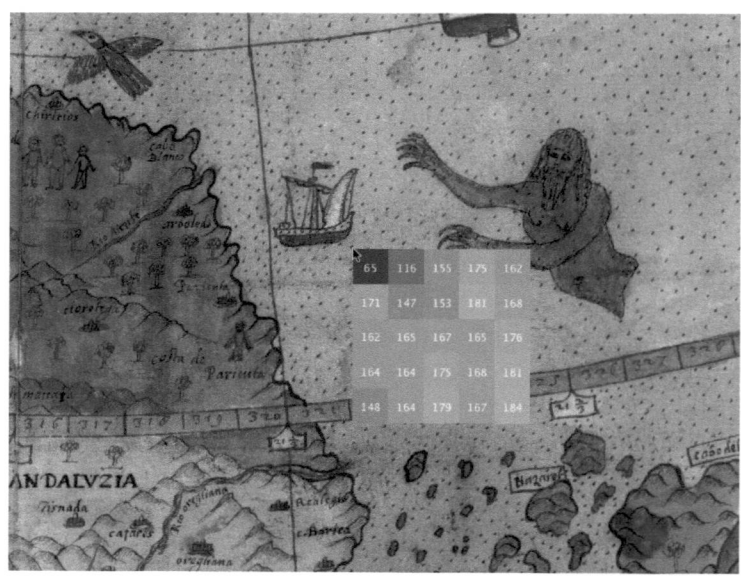

(x, y) representan filas y columnas, respectivamente. Algunos programas como `Processing` utilizan justamente la nomenclatura justo al revés (y, x).

Desde un punto de vista computacional la escena del mundo real está caracterizada por una función $f(X, Y, Z)$ mientras que la imagen corresponde a una función $f(x, y)$. X, Y, Z corresponden a las coordenadas de la escena 3D, mientras que x, y, corresponden a las coordenadas de la imagen 2D. $f(X, Y, Z)$ e $f(x, y)$ son funciones que corresponden a la intensidad de la luz medida en las coordenadas X, Y, Z y proyectada en x, y respectivamente. La relación entre estas dos funciones determina la correspondencia *geométrica* y *fotométrica* entre la escena del mundo real y la imagen.

La imagen digital $f(x, y)$ no es más que un arreglo ordenado de números digitales (DN, Digital Numbers) o matriz donde cada casilla o *píxel* contiene el valor de la intensidad Y de la luz capturada. Por ahora, entiéndase un valor discreto en el intervalo entre 0 (mínima luminosidad) y $2^b - 1$ (máxima luminosidad). La *profundidad de color o resolución radiométrica* b describe cuántos bits de datos representan a Y y $L = 2^b$ el número de niveles de cuantificación. L determina el *rango dinámico*, como la diferencia entre el valor máximo y mínimo posible, según b. Por ejemplo, para $b = 8$ bits, existen $L = 2^8 = 256$ valores discretos $[0, 255]$ de Y. La Tabla 2 muestra la matriz correspondiente a los valores de luminancia del detalle de la Figura 15.

Figura 16: Ecclesia romana, siglo XII. d.C., mosaico policromo, dalla Basilica di San Pietro. Museo Barracco, Roma (Italia). El mosaico romano es para el artista Jim Campbell el origen del pixel.

Tabla 2: Representación del detalle en escala de grises.

65	116	155	175	162
171	147	153	181	168
162	165	167	165	176
164	164	175	168	181
148	164	179	167	184

Una imagen en color RGB no es más que la superposición de tres imágenes o canales, donde cada píxel es un grupo de números que representan el valor de intensidad Y de cada *canal* de color. En la imagen $f(x, y)$ RGB, cada posición (x, y) contiene, no un valor, sino un grupo de tres valores .

$$f(x, y) = \begin{bmatrix} R(x, y) \\ G(x, y) \\ B(x, y) \end{bmatrix} \quad (34)$$

La idea de combinar tres fotos diferentes, tomadas con tres filtros de color primarios (Rojo, Verde, Azul), para obtener una imagen en color fue propuesta por primera vez por James Clerk Maxwell en 1855. El fotógrafo inglés Thomas Sutton produjo la primera fotografía en color poniendo en práctica la teoría de Maxwell seis años más tarde, en 1861.

Por ejemplo, el valor rojo–verde–azul (RGB, Red–Green–Blue) del píxel señalado en la Figura 18, (195, 199, 190) en decimal, estaría representado como un único número hexadecimal: #C3C7BE que, si se utilizan 8 bits por canal, es equivalente a $b = 24$. Una *imagen multicanal* está formada por un conjunto de imágenes monocromáticas obtenidas en determinado rango de longitudes de onda. También se conocen como *imágenes multiespectrales*.

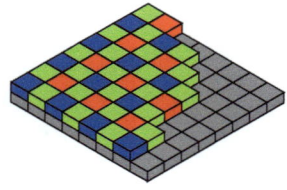

Figura 17: Filtro de Bayer. Proporciona una trama para cada conjunto de cuatro píxeles de forma que un pixel registra luz roja, otro luz azul y dos píxeles se reservan para la luz verde; esto es así porque el ojo humano es más sensible a la luz verde que a los colores rojo o azul; lo que se refleja en la fórmula que permite convertir de RGB a *escala de grises*, según la cual: $Y = 0,299R + 0,587G + 0,114B$. Observe que se trata de una ponderación perceptual.

Existen múltiples formas de representar el color. En este caso, RGB, el color se descompone en tres componentes primarios. El *alto* y *ancho* de la imagen se corresponde con el orden de cada una de estas matrices y el número de píxel total de la imagen es *alto* × *ancho*. El valor en cada píxel es función de determinadas propiedades de la escena del mundo que se ve en ese píxel y también de la intensidad de la luz incidente. Depende de si es mate o brillante, de si tiene textura o no, etc.

La diferencia entre los valores mínimo y máximo de intensidad se denomina *contraste*:

$$\text{máx}\{f(x,y)\} - \text{mín}\{f(x,y)\} \tag{35}$$

La iluminación de la imagen debe ser tal que los valores de intensidad $f(x,y)$, fluctúen entre el valor mínimo y máximo. Una iluminación deficiente generará imágenes oscuras mientras que un exceso de iluminación saturará y provocará imágenes quemadas.

Contraste y rango dinámico no son exactamente lo mismo pero están muy relacionados. El contraste indica la distribución (mayor o menor concentración) del brillo en el rango dinámico. Se puede mejorar el contraste cambiando esa distribución. El rango dinámico sólo se puede aumentar añadiendo más niveles de brillo. El rango dinámico es el límite *posible* mientras que el contraste es el límite *real*. Una imagen de bajo contaste tiene concentrado el histograma en el centro. Una imagen de alto contraste tiene concentraciones de brillo en las zonas bajas y altas del histograma.

195	200	211	184	192		199	187	198	190	189		190	174	181	171	172
200	198	211	192	191		200	188	202	194	187		192	174	183	176	175
193	188	191	197	206		187	182	186	194	202		182	166	166	178	193
201	192	186	196	216		194	190	185	190	211		188	173	164	175	206
199	180	182	206	201		197	178	181	205	196		185	164	163	185	190

Tabla 3: Representación del detalle en color.

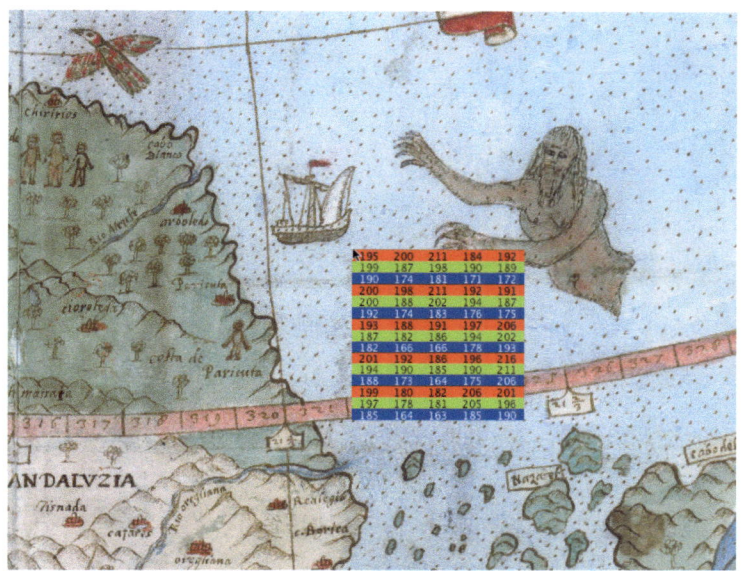

Figura 18: Detalle de la imagen correspondiente a la Figura 14. La matriz de números indica el valor RGB del píxel al que apunta el cursor y los 5 × 5 píxeles vecinos hacia la derecha y hacia abajo.

La intensidad y el *brillo* (*bright, intensity*) son lo mismo: la cantidad de radiación que recibe un objeto. El *contraste*, es la relación o diferencia que existe ente la luminosidad (*brightness*) y la oscuridad (*darkness*) de la imagen. Mayor relación, mayor contraste.

El nivel medio de un canal o *media μ* mide la *luminosidad* de la imagen.

$$\mu = \frac{1}{MN} \sum_{x=0}^{M-1} \sum_{y=0}^{N-1} f(x,y), \tag{36}$$

donde M es el número de filas y N es el número de columnas. La *varianza* mide la dispersión de los datos alrededor de la media y está definida por:

$$\sigma^2 = \frac{1}{MN} \sum_{x=0}^{M-1} \sum_{y=0}^{N-1} |f(x,y) - \mu|^2. \tag{37}$$

34

Figura 19: Detalle del detalle de la imagen correspondiente a la Figura 14. De izquierda a derecha, descomposición de los canales rojo, verde y azul. Abajo: detalle RGB.

Atención: En algunos lenguajes como Processing y es el eje de ordenadas (filas) y x es el eje de abscisas (columnas); $f(y,x)$.

$0 < i(x,y) < \infty$
$0 < r(x,y) < 1$

La *desviación típica*, σ, es justo una medida del contraste. Una imagen digital $f(x,y)$ está definida por:

$$f(x,y) = \begin{bmatrix} f(0,0) & f(0,1) & \dots & f(0,N-1) \\ f(1,0) & f(1,1) & \dots & f(1,N-1) \\ \vdots & \vdots & \ddots & \vdots \\ f(M-1,0) & f(M-1,0) & \dots & f(M-1,N-1) \end{bmatrix}$$
(38)

La imagen se puede describir como una función cuya amplitud o valor es el grado de iluminación (intensidad de la luz, el brillo, lo que vemos), en el espacio de coordenadas (x,y):

$$f(x,y) = i(x,y)r(x,y),$$
(39)

donde $i(x,y)$ corresponde a la cantidad de *iluminación* incidente, o cantidad de luz que incide sobre la escena vista y $r(x,y)$ corresponde a la *reflexión* o *reflectancia* de la superficie o cantidad de iluminación reflejada por el objeto de la escena [Gonzalez and Woods, 2008, p. 51]. $r(x,y) = 0$ significa absorción total mientras que $r(x,y) = 1$ significa reflectancia total. $i(x,y)$, en la práctica varía entre los límites de iluminación mínimo (negro) y máximo (blanco); cualquier variación entre ambos se considera escala de gris.

Se asume que la iluminacion varía lentamente y es el contribuyente principal al rango dinámico. Se asume que la reflectancia varía rápidamente y es el contribuyente principal al contraste local. La reflectancia representa los detalles del objeto.

Histograma

El histograma es, probablemente, la herramienta más simple de análisis para estudiar el rango dinámico de una imagen digital. El histograma no es más que un recuerto y ordenación de la frecuencia en la que aparece cada valor de píxel, tal que:

$$h(Y) = n_Y, \tag{40}$$

donde n_Y es el número de elementos con luminosidad igual a Y.

El eje de abscisas corresponde al rango dinámico de la iluminación; desde mín$\{f(x,y)\}$, hasta máx$\{f(x,y)\}$. El eje de ordenadas correspondencia al número de veces que aparece el valor en la imagen.

La Figura 20 muestra el histograma superpuesto sobre la imagen de la Figura 19 en escala de gris. Como se puede comprobar visualmente la imagen prevalecen dos rangos de escala de grises diferentes: uno más oscuro y otro más claro y no tiene valores por encima de 166; es decir, el rango dinámico está desplazado hacia la zona más oscura.

El histograma está escalado en el eje de abscisas entre 0 y $L-1$, $L = 2^b$, y en el eje de ordenadas, de manera tal que el máximo del histograma coincide con la fila 0 de la imagen.

Figura 20: Histograma. El histograma $h(Y)$ corresponde a la función de densidad de probabilidad. La media o brillo de la imagen μ, definido en (36), coincide con el valor medio del histograma y el contraste σ, definido en (37), coincide con la dispersión de los niveles de grises en la imagen, tal que,

$\mu = \frac{1}{MN} \sum_{Y=0}^{L-1} Y h(Y)$,
$\sigma^2 = \frac{1}{MN} \sum_{Y=0}^{L-1} |Y - \mu|^2 h(Y)$.

La energía mide el grado de dispersión de grises en la imagen, $\sum_{Y=0}^{L-1} h^2(Y)$. La energía disminuye a medida que aumenta el número de niveles de grises en la imagen. La entropía, $-\sum_{Y=0}^{L-1} h(Y) \log_2 h(Y)$, mide el grado de desorden en la imagen. La entropía, a la inversa de la energía, aumenta según aumenta el número de niveles de grises en la imagen.

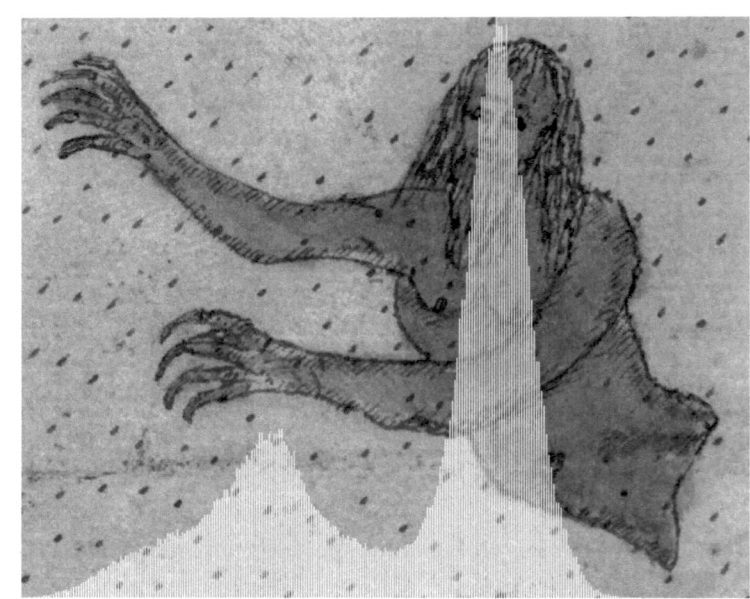

Observe que el histograma no ofrece información acerca del contenido de la imagen sino de su contraste. Dos imágenes totalmente diferentes pueden compartir el mismo histograma.

El histograma indica si la imagen ha sido exposición ha sido correcta o no. Una imagen expuesta correctamente tiene el histograma distribuido más o menos uniformemente en todo el rango dinámico. Una imagen infra-expuesta (oscura) tiene el histograma concentrado hacia el límite inferior. Una imagen sobre-expuesta (quemada) tiene el histograma concentrado hacia el límite superior.

Dominio Espacial

La imagen que vemos en la pantalla pertenece al dominio espacial. Cada píxel es una unidad de distancia que depende de las relaciones geométricas del mundo real 3D y y el dispositivo de captura 2D. Dicho de otra manera, cada píxel representa determinada distancia o longitud que, en el caso más frecuente de píxeles cuadrados, son iguales.

Dominio Transformado

Es posible expresar una imagen $f(x, y)$ en un dominio transformado $F(m, n)$ mediante una transformación que la descompone en un conjunto de imágenes base en ese dominio transformado.

$$F(m, n) = \mathcal{T}\{f(x, y)\}. \tag{41}$$

Dicho de otra manera, se proyecta la imagen en un espacio vectorial que permite representar determinadas propiedades de la imagen que, en el dominio espacial no son legibles. Existe una transformación inversa que devuelve la imagen del dominio transformado al dominio espacial.

$$f(x, y) = \mathcal{T}^{-1}\{F(m, n)\} \tag{42}$$

Según el sistema de notación empleado se utilizan mayúsculas para funciones en el dominio transformado y minúsculas para funciones en el dominio espacial.

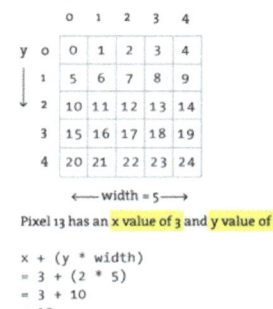

Figura 21: Dominio espacial en Processing. x representa las columnas. y las filas y p = x + y * ancho, la posición.

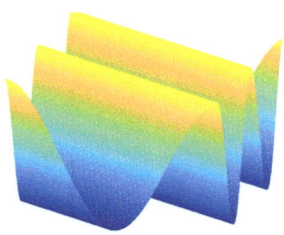

Figura 22: Superficie sinusoidal. Levantamiento 3D de sinusoides con dos variables de frecuencia $F(x,y) = \mathrm{e}^{-\mathrm{i}\omega_n x}\mathrm{e}^{-\mathrm{i}\omega_m y}$, donde $\omega_n = \frac{2\pi}{M}n$ y $\omega_m = \frac{2\pi}{M}m$ son frecuencias espaciales discretas. Las superficies sinusoidales son autofunciones que, al pasar por un sistema lineal, sólo cambian en amplitud y fase, no en frecuencia.

[6] La correlación es una función de medida objetiva de similitud entre dos señales (imágenes, en este caso).

Transformada de Fourier

La transformada de Fourier descompone una imagen en una combinación lineal de superficies sinusoidales. La Transformada Discreta de Fourier (DFT, Discrete Fourier Transform) 2D de una imagen está definida por:

$$
\begin{aligned}
F(m,n) &= \sum_{x=0}^{M-1}\sum_{y=0}^{N-1} f(x,y)\mathrm{e}^{-\mathrm{i}\frac{2\pi}{M}nx}\mathrm{e}^{-\mathrm{i}\frac{2\pi}{N}my}, \qquad (43) \\
&= \sum_{x=0}^{M-1}\sum_{y=0}^{N-1} f(x,y)\mathrm{e}^{-\mathrm{i}2\pi\left(\frac{nx}{M}+\frac{my}{N}\right)},
\end{aligned}
$$

donde $F(m,n)$ es el espectro de la image; m y n son las coordenadas espectrales. $\mathrm{e}^{\mathrm{i}\theta} = \cos\theta + \mathrm{i}\sin\theta$; donde e es la base del logaritmo natural, $\mathrm{i} = \sqrt{-1}$ es la unidad imaginaria, $\sin\theta$ y $\cos\theta$ son las funciones trigonométricas seno y coseno.

La Transformada Discreta Inversa de Fourier (IDFT, Inverse Discrete Fourier Transform) 2D de una imagen está definida por:

$$
\begin{aligned}
f(x,y) &= \frac{1}{MN}\sum_{m=0}^{M-1}\sum_{n=0}^{N-1} F(m,n)\mathrm{e}^{\mathrm{i}\frac{2\pi}{M}mx}\mathrm{e}^{\mathrm{i}\frac{2\pi}{N}ny}, \qquad (44) \\
&= \frac{1}{MM}\sum_{n=0}^{M-1}\sum_{m=0}^{N-1} F(m,n)\mathrm{e}^{\mathrm{i}\frac{2\pi}{M}(mx+ny)},
\end{aligned}
$$

Ambas ecuaciones (43), (44), son conocidas como *análisis* y *síntesis* de Fourier y permiten la proyección del dominio espacial al dominio espectral y viceversa. El análisis correla[6] la imagen de entrada con cada una de las funciones bases (como las que muestra la Figura 23) de manera tal que sólo las imágenes que corresponden a estas frecuencias son distintas de cero e iguales al coeficiente DFT correspondiente $F(m,n)$. La síntesis reconstruye la imagen analizada $f(x,y)$ sumando todas las superficies sinusoidales bases multiplicándolas por los coeficientes DFT correspondientes.

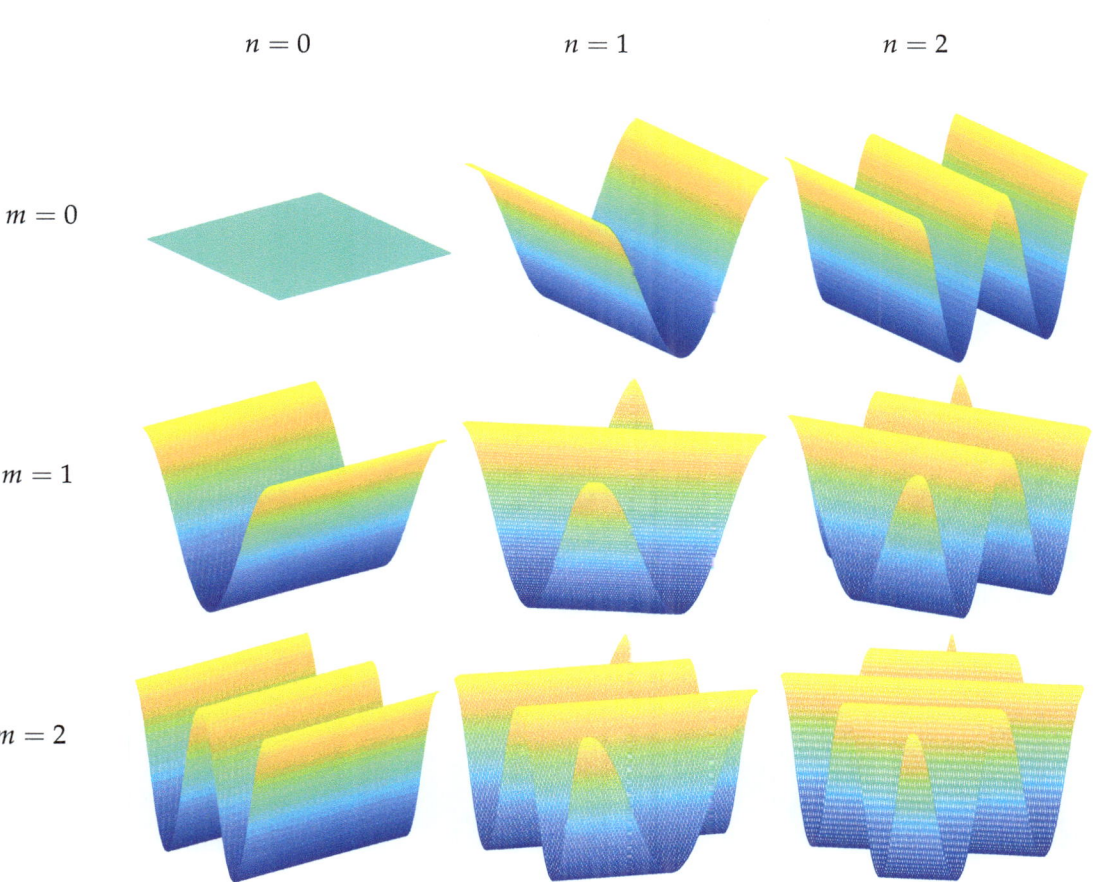

Figura 23: Ejemplos de funciones bases de la DFT en 3D. $m = n = 0$ corresponde al nivel de continua y es proporcional a la media espacial de brillo de la imagen.

La ecuación (43) coloca el coeficiente de nivel de directa (DC) $F(0,0)$ en la esquina superior izquierda de la matriz; sin embargo es frecuente, para propósitos de visualización, colocarlo en el centro de la imagen; de manera tal que,

$$F(m,n) \;=\; \sum_{x=-M/2}^{M/2-1} \sum_{y=-N/2}^{N/2-1} f(x,y)\mathrm{e}^{-\mathrm{i}2\pi\left(\frac{mx}{M}+\frac{ny}{N}\right)}, \qquad (45)$$

$$f(x,y) \;=\; \frac{1}{MN} \sum_{m=-M/2}^{M/2-1} \sum_{n=-N/2}^{N/2-1} F(m,n)\mathrm{e}^{\mathrm{i}2\pi\left(\frac{mx}{M}+\frac{ny}{N}\right)} \quad (46)$$

Figura 24: Ejemplos. Módulo de la DFT 2D. Los espectros son puntos (deltas espectrales $\delta(m,n)$) porque la imágenes son sinusoidales; sólo tienen un componente espectral.

Observe que la imagen de coeficientes de Fourier $F(m,n)$ es compleja; es decir, los coeficientes tienen parte real $F_r(m,n)$ y parte imaginaria $F_i(m,n)$ por lo que tienen frecuencia w y dirección con ángulo θ, tal que,

$$w = \sqrt{m^2 + n^2} \qquad m = w\cos\theta$$
$$\theta = \tan^{-1}\frac{n}{m} \qquad n = w\sin\theta$$

El coeficiente complejo $F(m,n) = F_r(m,n) + iF_i(m,n)$ puede ser representado en forma polar en términos de magnitud y fase $|F(m,n)|\angle F(m,n)$ tal que:

$$|F(m,n)| = \sqrt{F_r^2(m,n) + F_i^2(m,n)}, \qquad (47)$$

$$\angle F(m,n) = \tan^{-1}\frac{F_i(m,n)}{F_r(m,n)}. \qquad (48)$$

La magnitud $|F(m,n)|$ se denomina *espectro*. La fase $\angle F(m,n)$ es fundamental en la reconstrucción (transformación inversa de Fourier). La distorsión de fase desplaza ligeramente la posición de los píxeles. Una distorsión muy pequeña de la fase puede distorsionar el reconocimiento de detalles en la imagen.

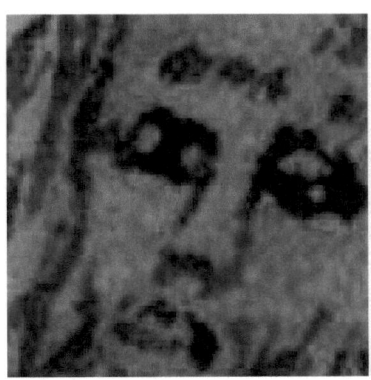 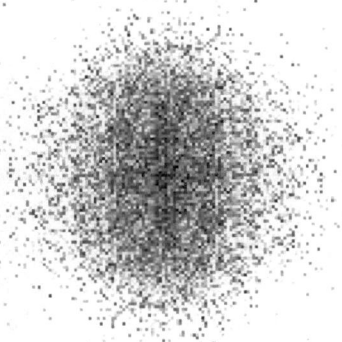

Figura 25: Ejemplo del módulo de la Transformada Rápida de Fourier (FFT, Fast Fourier Transform) $|F(m,n)|$ de un detalle de 128×128 píxeles.

La FFT, que es la implementación eficiente de la DFT, exige que ambas dimensiones de la imagen sean múltiplos de potencia de 2. En este caso $M = N$ y para que esto se cumpla se debe ampliar artificialmente la imagen cuanto corresponda en alto y ancho según alguna de las estrategias definidas definidas en la página 80. Es bastante habitual la ampliación de la imagen por simetría (siempre que sea posible), circularidad o el relleno con ceros; también es posible recortar la imagen al múltiplo de potencia de 2 más cercano. Se suele utilizar la abreviatura Si $W_N = e^{-i\frac{2\pi}{N}}$, por lo que ambas ecuaciones de análisis y síntesis quedan simplificadas a:

$$F(m,n) \quad = \quad \sum_{x=0}^{N-1} \sum_{y=0}^{N-1} f(x,y) W_N^{(nx+my)}, \qquad (49)$$

$$f(x,y) \quad = \quad \frac{1}{N^2} \sum_{m=0}^{N-1} \sum_{n=-0}^{N-1} F(m,n) W_N^{-(nx+my)}. \qquad (50)$$

Es posible implementar FFT bidimensional a partir de la FFT unidimensional. Se trata sólo de reordenar la ecuación (50):

$$F(m,n) = \sum_{x=0}^{N-1} \left[\sum_{y=0}^{N-1} f(x,y) W_N^{my} \right] W_N^{nx}. \qquad (51)$$

Esta estrategia sustituye cada fila de la imagen con su FFT y, posteriormente, calcula la FFT de las columnas de la matriz anterior o viceversa (primero por columnas y luego por filas).

La transformada de Fourier utiliza como funciones bases superficies sinusoidales; es decir, supone que la imagen está compuesta, o puede ser descompuesta, en una suma de superficies armónicas. Las funciones bases son ortogonales entre sí. No es posible obtener una función a partir de otra. La mejores funciones bases son aquellas que se obtienen de la propia imagen mediante la descomposición en valores singulares; están formadas por los autovectores de la propia imagen. Esta transformación se denomina Transformada de Karhunen-Loève (KLT, Karhunen-Loève Transform). Existen otras funciones bases más simples como las superficies rectangulares o escalones, que son binarias. La transformada Haar y de Hadamard son ejemplos de este tipo.

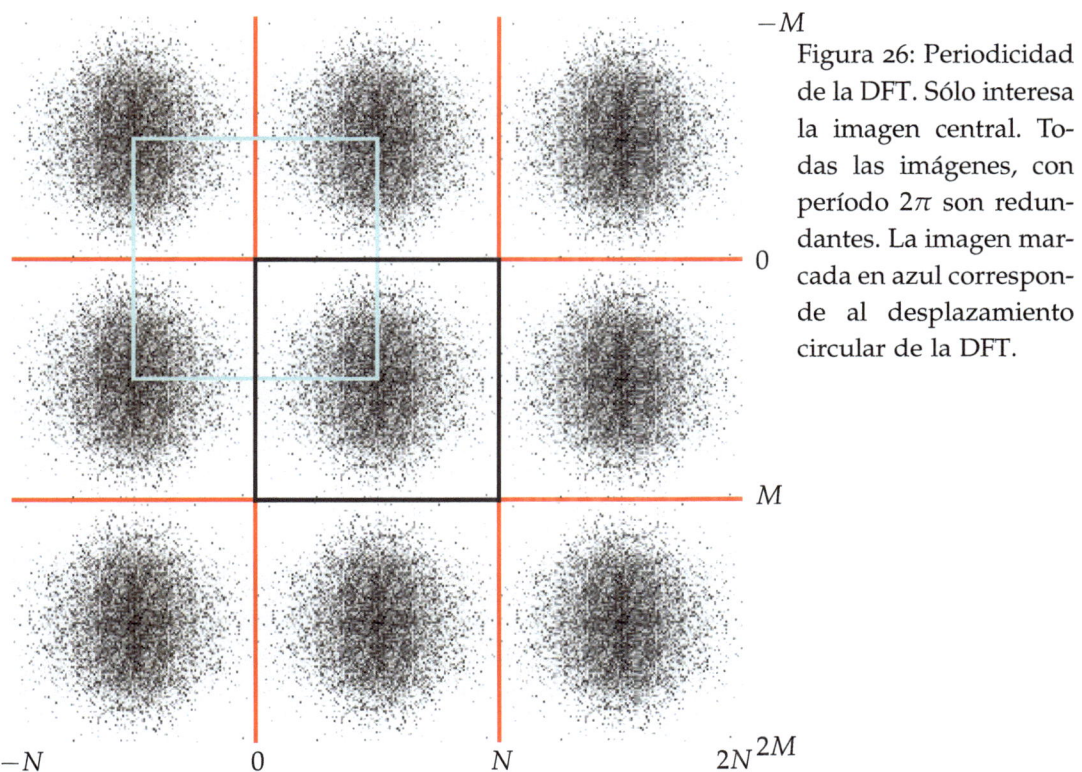

$-M$

0

M

$2M$

$-N$ 0 N $2N$

Figura 26: Periodicidad de la DFT. Sólo interesa la imagen central. Todas las imágenes, con período 2π son redundantes. La imagen marcada en azul corresponde al desplazamiento circular de la DFT.

Formato

Una imagen ocupa un número mínimo de bits igual a: *alto × ancho × b× canal*. En una imagen RGB, por ejemplo, es habitual: $b = 8$, canal = 3. Esta es la cantidad de bits que representa los datos de la imagen; sin embargo, en la mayoría de los formatos se guardan metadatos: datos acerca de los datos.

Formato	Descripción	Extensión
BMP	Windows Bitmap	.bmp
FITS	Flexible Image Transport System	.fts, .fits
GIF	Graphics Interchange Format	.gif
HDF	Hierarchical Data Format	.hdf
ICO	Windows Icon Resources	.ico
JPEG	Joint Photographic Experts Group	.jpg, .ipeg
JPEG 2000	Joint Photographic Experts Group	.jp2, .jpf .jpx, .j2c, .j2k
PBM	Portable Bitmap	.pbm
PGM	Portable Graymap	.pgm
PNG	Portable Network Graphics	.png
PNM	Portable Any Map	.pnm
RAS	Sun Raster	.ras
TIFF	Tagged Image File Format	.tif, .tiff

Tabla 4: Algunos ejemplos de formatos de imágenes.

Es importante destacar que una imagen vectorial, determinada por instrucciones de formación de formas, terminará convertida, en el proceso de formación, en una imagen formada por píxeles.

Hay muchas otras aplicaciones para "revelado RAW" o "flujo de trabajo en RAW" diseñadas para proporcionar procesamiento y post-producción de imágenes RAW, antes de ser exportadas en otro formato como TIF o JPG. Entre las herramientas libres, la más conocida es UFRaw, software libre basado en dcraw que puede funcionar como un complemento de GIMP y está disponible para la mayoría de sistemas operativos.

Las imágenes formadas por píxeles, $f(x,y)$, se denominan imágenes *ráster* o *mapas de bits*. El formato de la imagen establece la estructura del contenedor de los datos.

Hay un formato especial, RAW, traducido como *bruto* o *en crudo*, que contiene la totalidad de los datos de la imagen tal y como ha sido captada por el sensor digital de la cámara, ya sea fotográfica u otro tipo. En general, cada fabricante distingue su RAW con una extensión especial.

Los archivos RAW se conocen como negativo digital. Muestra la foto tal y como el sensor la capturó, sin ningún filtro de mejora. Los colores son más neutros, menos saturados, el enfoque más blando y la iluminación, que dependerá de la exposición que se hizo, más visiblemente sobre o subexpuesta si fuera el caso. Una foto en JPG, al estar en modo RGB, tiene 24 bits/píxel (8 por canal) frente a los 30 a 48 bits/píxel (10 a 16 por canal) que suele contener la imagen obtenida al revelar el archivo RAW. Los 24 bits del RGB son suficientes para ver toda la gama de colores posibles, pero son claramente insuficientes cuando se quiere realizar ciertos ajustes a la imagen (iluminación, corrección de tonalidades, etc.). La imagen en formato RAW, aunque en apariencia parezca más pobre, contiene muchísima más información y es muy manipulable al ajustar luces y colores.

Los metadatos incluyen información como, por ejemplo, fecha y hora en que fue tomada, con qué dispositivo, qué parámetros fueron utilizados para tomarla (apertura de diafragma, distancia focal, tiempo de exposición, sensibilidad del sensor, posición GPS, etc.), etiquetas definidas por el usuario, etc. De hecho, cada cámara concreta incluye su propia información. Los metadatos se introducen en las imágenes como una cabecera EXIF.

Fabricante	Extensión
Fuji	.raf
Canon	.crw .cr2
Kodak	.tif .k25 .kdc .dcs .dcr .drf
Panasonic-Lumix	.rw2
Nikon	.nef .nrw
Olympus	.orf
Adobe	.dng
Pentax	.ptx .pef
Sony	.arw .srf .sr2
Sigma	.x3f
Epson	.erf
Mamiya	.mef .mos
Nikon Electronic Format	.nef
Minolta	.mrw
Phase One	.cap .tif .iiq
Red	.r3d
Imacon	.fff
Logitech	.pxn
Casio	.bay

Tabla 5: Algunos ejemplos de formatos RAW.

[7] Exiftool es una herramienta de código abierto y multiplataforma que permite gestionar los metadatos incrustados en los formatos comunes de las imágenes (Vea Tabla 4.

El formato GeoTIFF fue diseñado en el Jet Propulsion Laboratory (Laboratorio de Propulsión a Reacción) de la NASA; es completamente compatible con TIFF 6.0, por lo que un programa informático incapaz de leer e interpretar esa información podrá aun así abrir el archivo de imagen GeoTIFF y visualizarlo como si de un archivo TIFF normal se tratara. Se podría decir que el GeoTIFF es un TIFF provisto de etiquetas adicionales.

[8] Una ortofoto es una imagen de una zona, de una superficie, en la que todos los elementos están en la misma escala, libre de errores y deformaciones; tiene la misma validez que un plano cartográfico.

La noción de redundancia se explica por la estrecha relación del brillo de un píxel con los píxeles adyacentes que, excepto en los bordes, tienen valores muy similares. La eliminación de la redundancia se justifica cuando la imagen será valorada por el ojo humano. En el primer caso es posible aplicar técnicas de compresión sin pérdidas. En el segundo caso es más apropiado aplicar técnicas de compresión con pérdidas perceptuales, invisibles para el ojo humano.

EXIF son siglas de "Exchangeable Image Format": un formato que hace uso de los formatos JPG, TIFF, RIFF y WAVE[7].

GeoTIFF (Georeferenced Tagged Image File Format) es un estándar de metadatos de domino público que permite empotrar información georreferenciada en un archivo de imagen de formato TIFF. La información adicional incluye el tipo de proyección, sistema de coordenadas, elipsoide, datum y todo lo necesario para que la imagen pueda ser automáticamente posicionada en un sistema de referencia espacial. GeoTIFF se utiliza fundamentalmente para el manejo de ortofotos[8] en Sistemas de Información Geográfica y otros programas de manejo de información espacial en imágenes ráster.

Los archivos de las imágenes digitales son más grandes cuanto mayor sea la profundidad del color y el tamaño de la imagen. En imágenes de alta resolución pueden ocupar gigas de memoria. La mayoría de los formatos de imagen se presentan con cierta compresión para ahorrar espacio. Ésta puede ser de dos tipos: con pérdidas (*lossy*) y sin pérdidas (*lossless*).

Las imágenes con una compresión sin pérdidas pueden ser reconstruidas íntegramente. No se producen pérdidas. Por el contrario, las imágenes con una compresión con pérdidas se aproximan perceptualmente a la imagen original, aunque no son exactamente igual. Ocupan menos espacio pero las pérdidas aumentan en cada transformación que se les aplique. No se recomienda el uso de formatos comprimidos con pérdidas para cualquier tipo de aplicación científica. El compresión de la compresión es disminuir la *redundancia*. La redundancia es definida por:

$$R = 1 - \frac{1}{C} = 1 - \frac{L_o}{L_i} = \frac{L_i - L_o}{L_i} \tag{52}$$

donde C es el factor de compresión, L_i y L_o son el número de datos de la imagen de entrada i y la imagen de salida o, respectivamente [Martín Marcos, 1999, p. 13].

El error objetivo cometido se define por:

$$e(x,y) = f_o(x,y) - f_i(x,y) \tag{53}$$

que, en términos de Relación Señal-Ruido (SNR, Signal-to-Noice Ratio) o relación de potencia entre señal y ruido, está dado por:

La imagen de entrada $f_i(x,y)$ actúa como señal de referencia.

$$SNR = 10 \log_{10} \left[\frac{\sum_{x=0}^{N-1} \sum_{y=0}^{M-1} f_i^2(x,y)}{\sum_{x=0}^{N-1} \sum_{y=0}^{M-1} e^2(x,y)} \right] \tag{54}$$

Existen diversos algoritmos de compresión que funcionan como un. El formato TIFF, por ejemplo, admite:

CCITT Asociado a la compresión en intercambio de documentos en tecnología de fax, pero también puede asociarse a documentos escaneados. Se usa en imágenes de blanco y negro puro (profundidad de 1bit)

LZW (Lempel-Ziv & Welch algorithm) Es un algoritmo sin perdida lanzado en 1984 y adoptado por TIFF desde la década de los 90. Produce buenos resultados en imágenes de 8 bits de profundidad (aunque también puede ser usado con 16 bits) e imágenes con colores planos o pocos colores. Se trata de un algoritmo propietario, la patente inicial ya ha caducado pero sus derivadas están sometidas a bastantes discusiones.

ZIP Fue un método de compresión sin pérfida introducido por Adobe entorno al 2002. Esta basado en el conocido algoritmo `Deflate` implementado en las librerías de compresión tipo `zip` (`zlib` o `gzip`). Produce buenos resultados en imágenes fotográficas con profundidades de campo superiores a 8 bits.

JPEG Conocido método de compresión con pérdida para imágenes de tono continuo. Corresponde a la misma especificación de las imágenes `.jpeg`, posee las mismas características.

PackBits Algoritmo sin pérdida muy simple propuesto por Macintosh. Ofrecía buenos resultados en imágenes bitonales o escalas de grises, aunque también soportaba imágenes en color basadas en paletas. Usado con frecuencia en escáneres de documentos. Actualmente se encuentra en desuso.

RLE (Run Length encoding) Algoritmo, con múltiples variantes, de compresión muy sencillo y antiguo, utilizado con frecuencia por en el formato de imagen GIF. Se usa en imágenes de tono no continuo o paletas (iconos, etc).

El proceso de compresión Grupo Conjunto de Expertos en Fotografía (JPEG, Joint Photographic Experts Group) consta de varias fases, a través del cual se aplican diversas estrategias orientadas a eliminar información redundante de la imagen pero respetando la escena a nivel del sistema de percepción humano:

1. Se hace una transformación del espacio de color RGB a YCbCr.

2. Se aplica un submuestreo del croma, por lo cual los atributos de croma (CbCr) para un espacio YCbCr se pueden muestrear respecto a la luminancia (Y). De forma tal que la información de croma puede quedar intacta 4:4:4, reducida a la mitad 4:2:2 o a la cuarta parte 4:2:0. Algunos programas permiten tomar decisiones sobre el submustreo.

3. La imagen se divide en bloques para reducir el tiempo de procesamiento. El tamaño del bloque va en relación al submuestreo de forma que $8 \times 8 \Longrightarrow 4:4:4$, $16 \times 8 \Longrightarrow 4:2:2$ y $16 \times 16 \Longrightarrow 4:2:0$.

4. Cada bloque es sometido a la Transformada de Coseno Discreta (DCT, Discrete Cosine Transform) a partir de la cual la imagen se convierte de un dominio espacial a un dominio de frecuencial. La DCT está definida por:

$$F(m,n) = \frac{1}{4} C_m C_n \sum_{x=0}^{M-1} \sum_{y=0}^{N-1} f(x,y) \cos \left[(2x+1)\frac{m\pi}{2M} \right] \cos \left[(2y+1)\frac{n\pi}{2N} \right] \quad (55)$$

$$f(x,y) = \frac{1}{4} \sum_{m=0}^{M-1} \sum_{n=0}^{N-1} C_m C_n F(m,n) \cos \left[(2x+1)\frac{m\pi}{2M} \right] \cos \left[(2y+1)\frac{n\pi}{2N} \right] \quad (56)$$

$$C_m, C_n = \begin{cases} \frac{1}{\sqrt{2}} & \text{si } u, v = 0 \\ 1 & \text{de lo contrario} \end{cases}$$

5. Finalmente, tras la DCT se realiza una cuantificación digital, la cual aprovecha el fenómeno por el que la percepción humana no es capaz de discernir variaciones de brillo muy altas en áreas muy pequeñas. Lo que permite eliminar altas frecuencias de la escena sin que esto afecte a la percepción. JPEG soporta un tamaño máximo de imagen de 65535×65535, y 8 bits por canal.

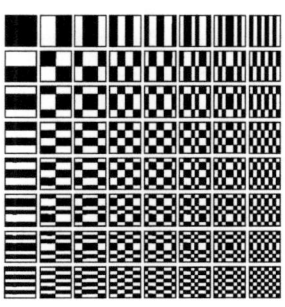

Figura 27: Base de la transformada discreta del coseno.

Para mayor información acerca de los formatos de imágenes digitales vea: http://www.jpereira.net/gestion-documental/formatos-de-imagen [Uzal].

Los formatos pueden o no gestionar la paleta de colores, permitir o no transparencia, animación, compresión (con o sin pérdidas), etc. La Tabla 6 muestra un resumen de la capacidad de algunos de los formatos más populares para almacenar imágenes. La elección depende del uso que se le de.

Existen diferentes tipos de formato TIFF. TIFF/EP (ISO 12234-2, Tag Image File Format / Electronic Photography), por ejemplo, es el formato habitual que utilizan la mayoría de los fabricantes en las imágenes RAW (excepto Sigma, por ejemplo). Admite compresión JPEG (DCT) con pérdida.

Capacidad	JPG	TIF	PNG	GIF
Esquemas de color	RGB, escala de grises, CMYK	RGB, CMYK, CIE L*a*b, YUV/YcrCb	RGB, escala de grises, colores indexados	Colores indexados
Número de colores	$\leq 16{,}7 \times 10^6$	$\leq 2{,}8 \times 10^{14}$	$\leq 18 \times 10^{18}$	≤ 256
Canales de color	3	3 + alfa	3 + alfa	1 (8 bits)
Profundidad de bits	8	1–16 + 8	1–24 + 32	1–8
Compresión	Alta, con pérdidas	Baja, sin pérdidas	Alta, sin pérdidas	Escasa
Tamaño	Muy pequeño	Grande	Pequeño	Grande
Animación	No	No	No	Si

Tabla 6: Tabla comparativa de algunos de los formatos de imágenes más populares.

Cualquier transformación $\mathcal{T}\{f(x,y)\}$ debe tener en cuenta que la profundidad de bits es discreta (8, 16, 24, e incluso 32 bits, pero las operaciones sobre los bits pueden arrojar valores reales. Dicho de otra manera, es preciso escalar los valores discretos de la matriz a una rango dinámico prácticamente ilimitado (tipo `double`, por ejemplo), operar con números reales (habitualmente entre 0 y 1) y, escalarlos al valor entero más próximo, de acuerdo a la profundidad de color que utilice el formato, para salvar la imagen en un archivo.

Ejercicios

1. Estime los principales estadísticos de una imagen: brillo, contraste, energía, entropía.

2. Estime los siguientes estadísticos de una imagen: mínimo, máximo, mediana (Q_2), primer cuartil (Q_1), tercer cuartil (Q_3), IQR. El *primer cuartil* es esencialmente el percentil 25; es decir, la mediana de la primera mitad de valores. El *tercer cuartil* es el percentil 75; es decir, la mediana de la segunda mitad de valores. Los valores mínimo y máximo representan los extremos superior e inferior del rango de valores. La distancia entre cuartiles IQR mide el alto de la caja.

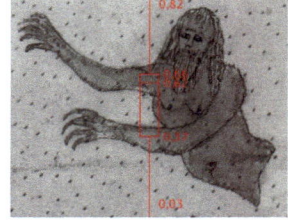

Figura 28: Ejemplo de estimación de los estadísticos fundamentales de la imagen de referencia.

Un diagrama de caja ilustra perfectamente lo que se puede hacer con estas características estadísticas básicas: Cuando la caja es corta, implica que muchos de sus valores son similares; es decir, hay muchos valores en un rango pequeño. Cuando la caja es alta, implica que muchos de sus valores son bastante diferentes, ya que los valores se distribuyen en un amplio rango. Si el valor de la mediana está más cerca de la parte inferior de la caja, indica que la mayoría de los datos tienen valores más bajos. Si el valor de la mediana está más cerca de la parte superior, indica que la mayoría de los datos tienen valores más altos. Básicamente, si la línea de mediana no está en el centro de la caja, indica datos sesgados. Si las líneas de la caja son largas significa que sus datos tienen una alta desviación estándar; los valores están dispersos y son muy variables. Si las líneas de la caja son largas en un lado pero no en el otro, entonces los datos pueden variar mucho solo en una dirección.

3. Escriba una función que normalice la imagen según Normalización del Contraste con Media Substraída (MSCN, Mean Substracted Contrast Normalization) definido por:

$$g(x,y) = \frac{f(x,y) - \mu(x,y)}{\sigma(x,y) + c}, \tag{57}$$

donde $\mu = \mathbf{W} * \mathbf{F}$ es el campo de media local dado por la convolución entre una ventana de desenfoque Gaussiana ($\mathbf{W}$ y $\mathbf{F}$, corresponden a las matrices del kernel $w(x,y)$ y la imagen $f(x,y)$, respectivamente) y $\sigma = \sqrt{\mathbf{W} * (\mathbf{F} - \mu)^2}$ es el campo de varianza local. $g(x,y)$ corresponde a la luminancia.

4. Escriba dos funciones, getMaxs y getMins, que extraigan los máximos y mínimos pronunciados de un histograma, respectivamente. Estas funciones pueden ser útiles para tomar decisiones de ecualización y de umbralización de imágenes.

5. Ecualice el histograma de la imagen detalle_BW.png y compare sus estadísticos con los de la imagen de partida.

6. Escriba un programa que convierta la imagen detalle_BW.png en detalle_BW.jpg. A continuación muestre las dos imágenes con sus respectivos histogramas.

7. Escriba una función getSNR que permite estimar la relación señal ruido entre dos imágenes según la ecuación (54).

8. Escriba una función sinGenerate que genere funciones del estilo:

$$f(x,y) = \cos\left(w_x x + w_y y - \phi\right),$$

Los parámetros de entrada son: dimension ($M \times N$), w_x y w_y (frecuencias espaciales en radianes) y ϕ (fase inicial, también en radianes).

9. Obtenga la DFT de funciones senoidales horizontales, verticales y diagonales. Analice y compare la magnitud de sus espectros.

10. Escriba una función `dct` para obtener la transformada del coseno discreta 2D. Se recomienda aplicar la DCT 1D (verticalmente) a cada columna y luego aplicar DCT 1D (horizontalmente) al resultado vertical anterior.

11. Escriba una función `idct` para obtener la transformada del coseno discreta inversa 2D. Se recomienda aplicar la DCT inversa 1D (verticalmente) a cada columna y luego aplicar DCT inversa 1D (horizontalmente) al resultado vertical anterior.

12. Obtenga la DCT de funciones senoidales horizontales, verticales y diagonales. Analice y compare la magnitud de sus espectros.

13. ¿Qué capacidad se necesita para almacenar una imagen RGB de 512×512 píxeles, con profundidad de color $b = 8$?

14. ¿Cuál es la diferencia entre una imagen *ráster* (*mapa de bits*) y una imagen vectorial?

15. Escriba una función que calcule el histograma normalizado según:

$$h_n(Y) = \frac{n_y}{MN}, \qquad (58)$$

donde n_Y es el número de elementos con luminosidad igual a Y, M es el número de filas y N es el número de columnas. Observe que la suma del histograma del histograma normalizado $\sum_{Y=0}^{L-1} h(Y) = 1.0$, donde $L = 2^b$ es el rango dinámico o número de niveles de grises.

16. Escriba una función para obtener la media a partir del histograma normalizado según:

$$\mu = \sum_{Y=0}^{L-1} Y h(Y) \tag{59}$$

17. Escriba una función para obtener la varianza a partir del histograma normalizado según:

$$\sigma^2 = \sum_{Y=0}^{L-1} |Y - \mu|^2 h(Y) \tag{60}$$

Digitalización

La imagen digital $f(x,y)$ es el resultado de un proceso de *digitalización* que consta de dos partes: *muestreo* y *cuantificación*. El proceso de muestreo discretiza las variables espaciales Δx y Δy, mientras que el proceso de cuantificación discretiza la amplitud o brillo. Dicho de otra manera, la digitalización produce píxeles con determinado valor de brillo. Habitualmente $\Delta x = \Delta y$, es decir, los píxeles son cuadrados; pero existen diferentes maneras de muestrear el espacio, no es la única.

Las cámaras digitales muestrean y cuantifican directamente la imagen proyectada sobre el CCD. Los escáneres generan la imagen digital o función discreta $f(x,y)$, a partir de una fotografía o imagen analógica $F(x,y)$; donde $F(x,y)$ es una función continua.

La *resolución espacial* es el área física del mundo real representada por un píxel virtual. Mayor cantidad de píxeles permite ver detalles finos del objeto en la imagen. Menor cantidad de píxeles produce pixelado.

El *teorema de muestreo* establece que, para recuperar una imagen desde sus muestras, perfectamente, la frecuencia de muestreo espacial debe ser mayor que el doble del componente de más alta frecuencia de la imagen. La frecuencia de muestreo debe tener en cuenta los dos componentes de frecuencia (horizontal y vertical). La frecuencia de muestreo espacial está dada en muestras por metro (o alguna unidad de distancia).

La Distancia de muestreo en tierra (GSD, Ground Sampling Distance) es la distancia entre dos centros de píxeles consecutivos medidos sobre la tierra. Menor GSD, mayor resolución.

¿Qué ocurre si la frecuencia de muestreo es menor que el doble del mayor componente de frecuencia? Se dice que una señal está limitada en banda cuando no contiene ningún componente de frecuencia mayor que la mitad de la frecuencia de muestreo. Si esto no ocurre esos componentes de alta frecuencia aparecen como réplicas de baja frecuencia ficticias produciendo un fenómeno de distorsión denominado *aliasing*; que se podría traducir como *solapamiento*.

El *alisiang* es el mismo fenómeno que ocurre cuando se observa o graba un objeto en rotación (como las aspas de un helicóptero, el tapacubos de una rueda en un coche, etc.). Si la velocidad de rotación hace que las aspas coincida en la misma posición de las imágenes fijas sucesivas da la sensación que no se mueve pero si el intervalo entre la llegada de las aspas no coincide con el intervalo de captura de la cámara u ojo o con un múltiplo de él da la impresión de giro, hacia delante o hacia detrás. La ilusión de movimiento hacia atrás se produce cuando la velocidad de rotación es tal que, entre el intervalo que media entre cada toma, cada aspa se mueve hacia casi la misma posición que ocupó en la toma anterior; de manera tal que, en cada imagen fija, muestra una posición más retrasada que la anterior, dando la sensación que la rotación se produce en sentido inverso.

La Figura 29 muestra el efecto del aliasing al diezmar una imagen por un factor de 2. Para reducir el tamaño de la imagen es necesario primero limitar la señal en banda (lo cual se consigue filtrándola por una máscara de media espacial $W = 5$) y a continuación diezmar (en este caso tomar una muestra de cada 2). La imagen obtenida, a la derecha, está libre de aliasing.

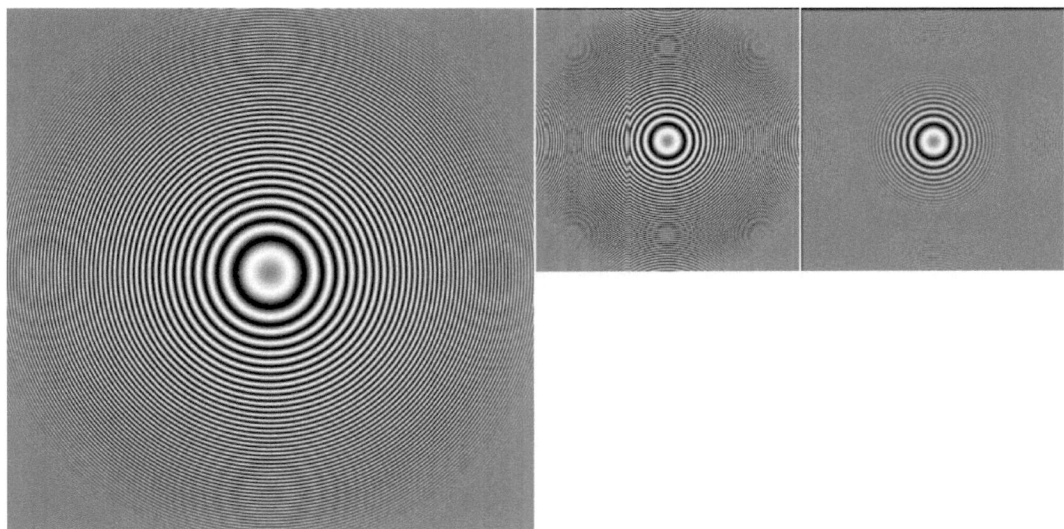

La máscara utilizada es:

$$\frac{1}{25}\begin{bmatrix} 1 & 1 & 1 & 1 & 1 \\ 1 & 1 & 1 & 1 & 1 \\ 1 & 1 & 1 & 1 & 1 \\ 1 & 1 & 1 & 1 & 1 \\ 1 & 1 & 1 & 1 & 1 \end{bmatrix}$$

Una aplicación importante del teorema de muestro es la generación de imágenes panorámicas (también conocidas como *mosaicos*). Se trata de construir una *gigaimagen* virtual a partir de muchas imágenes pequeñas, de manera tal que la imagen sea "navegable"[9]. Una forma de abordar este problema con elegancia y economía es lo que se conoce como *piramidalización* (*pyramiding*). Este proceso crea una estructura piramidal, también conocida simplemente como pirámide, en la cual los niveles superiores se forman mediante la agrupación de cuartetos de imágenes del nivel inferior; es decir, se juntan cuatro

Figura 29: Aliasing. A la izquierda imagen de referencia. En el centro, imagen diezmada por 2 sin filtrado antisolapamiento. El aliasing en forma de un patrón de Moire. A la derecha imagen diezmada por 2 filtrada por un filtro de media espacial.

[9] Que sea posible acercarse o alejarse para ver con más o menos detalle una zona determinada.

imágenes que forman un cuadrado del doble de tamaño y se reduce otra vez a la mitad. De esta manera, todas las imágenes, independientemente del nivel donde se encuentren, tienen el mismo tamaño. Esta reducción debe tener en cuenta el teorema de muestreo; es decir, antes de diezmar, se debe limitar la imagen en banda, para evitar el *aliasing*. Esto se conoce como *remuestro* y consiste en filtrar la imagen convolucionándola con un filtro paso–bajo que elimine las frecuencias que están por encima de la mitad de la frecuencia de muestreo.

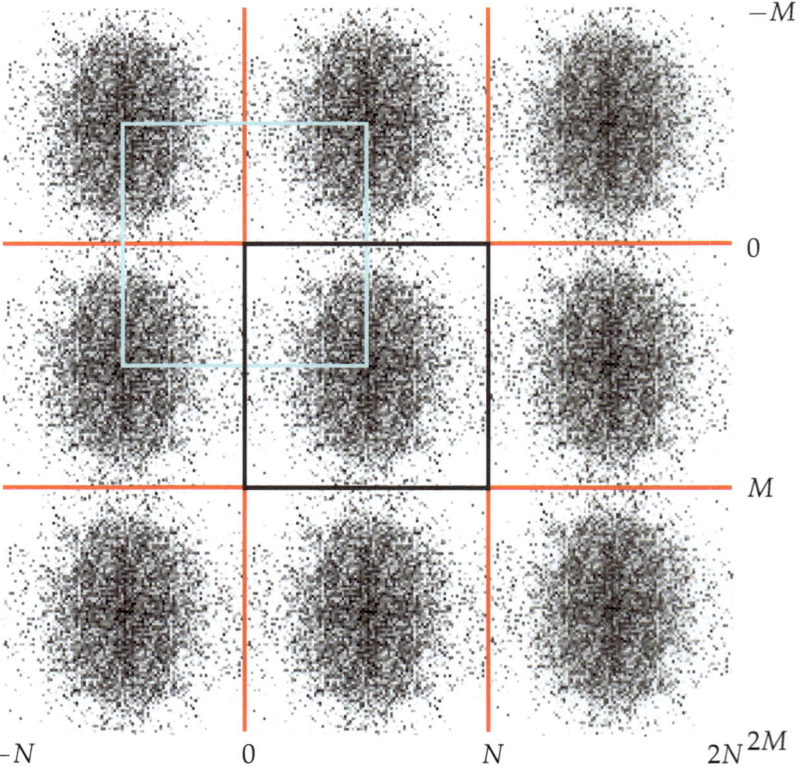

Figura 30: Ilustración del fenómenos del *aliasing* en el domino espectral. Sólo interesa la imagen central. Todas las imágenes, con período 2π son redundantes. La imagen marcada en azul corresponde al desplazamiento circular de la DFT pero la imagen no está limitada en banda por lo que las altas frecuencias se mezclan en espectros solapados y producen distorsión en bajas frecuencias. (Vea Figura 26, página 43, correctamente muestreada).

La cuantificación asigna determinado número de bits b para cuantificar una muestra; de tal manera que es posible asignar uno entre $L = 2^b$ niveles de cuantificación. Si $b = 1$, sólo son posibles dos estados 0 y 1 por lo que con un sol bit sólo se puede cuantificar una imagen binarizada; sólo blanco o negro. Si $b = 2$, son posibles $2^2 = 4$ niveles de gris diferentes; lo que equivale a una especie de *posterización* (Vea Figura 37, página 66, por ejemplo). Habitualmente b es un múltiplo de 8, determinado por la longitud de palabra de los procesadores digitales. Es muy habitual $b = 8$ y $b = 16$ en imágenes en escala de grises y $b = 8$ para canal de color en imágenes RGB, lo que equivale a $2^{24} = 16777216$ colores; conocido como (*true color*). El número de bits determina el rango dinámico $[0, L-1]$. En una imagen con mayor rango dinámico es menos sensible a la saturación (superación del valor máximo) en una cadena de transformaciones. La *resolución de la intensidad* es el cambio mínimo discernible en el nivel de intensidad.

Figura 31: Detalle de referencia.

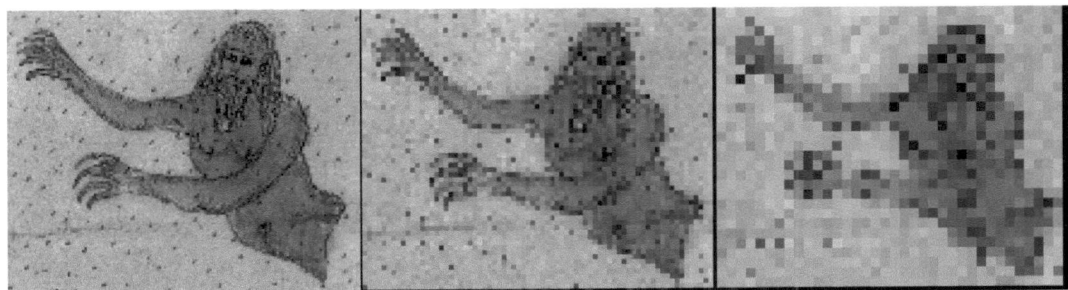

La cuantificación que muestra la Figura 32 se obtiene de asignar a cada región de píxeles un valor discreto de nivel de gris (el valor más cercano al promedio de niveles de gris de cada región). En la medida en que aumenta el tamaño de la región se pierde información de brillo y por lo tanto la sensación de continuidad.

Figura 32: Cuantificación. De izquierda a derecha: Imagen de referencia pixelada por 4×4, 8×8 y 16×16.

El ojo sólo diferencia determinado una gama de 16 niveles de grises[de la Escalera Hueso, 2001, p. 153]. Cuando el número de valores de grises o niveles de cuantificación empleado supera este umbral de perceptibilidad no se percibe ninguna distorsión o pérdida de información; el ojo no ve la diferencia entre el original (escena del mundo real) y la copia (imagen). Cuando el número de valores de grises o niveles de cuantificación empleado es insuficiente la imagen aparece pixelada. Pruebe a observar la Figura 32 cerrando los ojos todo lo que pueda. Comprobará que la percepción de la imagen mejora respecto a la imagen de referencia en la Figura 31. Esta acción es equivalente a aplicar un filtro paso–bajo a la imagen que suaviza los bordes.

Ejercicios

1. ¿Cuál es la resolución espacial de una escena de 4×4 metros representada por una imagen de 512×512 píxeles?

2. ¿En qué consiste el revelado digital?

Transformaciones

Una *transformación* es una aplicación,

$$q(x,y) = \mathcal{T}\{f(x,y)\} \tag{61}$$

tal que, $q(x,y) \neq f(x,y)$. La naturaleza de la transformación en la imagen destino depende de lo que se quiera modificar, eliminar, realzar, etc., de la imagen fuente.

Transformaciones píxel a píxel

Las transformaciones píxel a píxel modifican el valor de luminancia del píxel independientemente de los valores de los píxeles vecinos. Las transformaciones monádicas modifica cada píxel (x,y) sólo a partir del valor de la intensidad Y de ese píxel (x,y); es decir, cada píxel de salida es una función del píxel de entrada correspondiente y la función es la misma para todos los píxeles. La matriz de entrada a la transformación es, por lo tanto, de la misma dimensión $N \times M$, que la matriz de salida.

Estas transformaciones píxel a píxel, por lo tanto, afectan el rango dinámico de la imagen. La transformación puede tener cualquier forma y puede depender o no de los valores de los valores de iluminación Y de la imagen de entrada a la transformación. En general, las formas más simples suelen estar compuestas por tramos de líneas rectas.

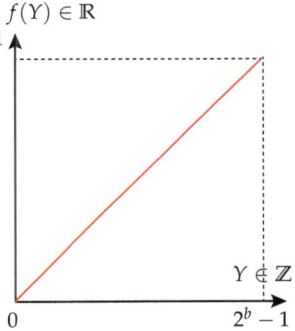

Figura 33: Función de transferencia de cambio de tipo de datos del píxel. Simplemente intercambiando los valores de los ejes se obtiene la función de transferencia inversa.

La conversión de un tipo de dato a otro es un ejemplo de transformación monádica. Por ejemplo de entero uint8 a double y viceversa. Este es un tipo de operación necesaria para que el resto de transformaciones puedan operar correctamente sobre el rango dinámico.

Observe que esta operación puede exceder el rango dinámico de la imagen que se debe limitar al rango $0 \leq Y \leq 1$, tal que $f(Y) = 1 \ \forall Y > 1$ e $f(Y) = 0 \ \forall Y < 0$.

Suma y resta

Entre las operaciones monádicas más simples está la de cambio de brillo.

$$f(Y) = Y \pm a, \tag{62}$$

a es una constante que toma valores positivos y negativos. Si $a < 0$ el brillo disminuye. Si $a > 0$ el brillo aumenta.

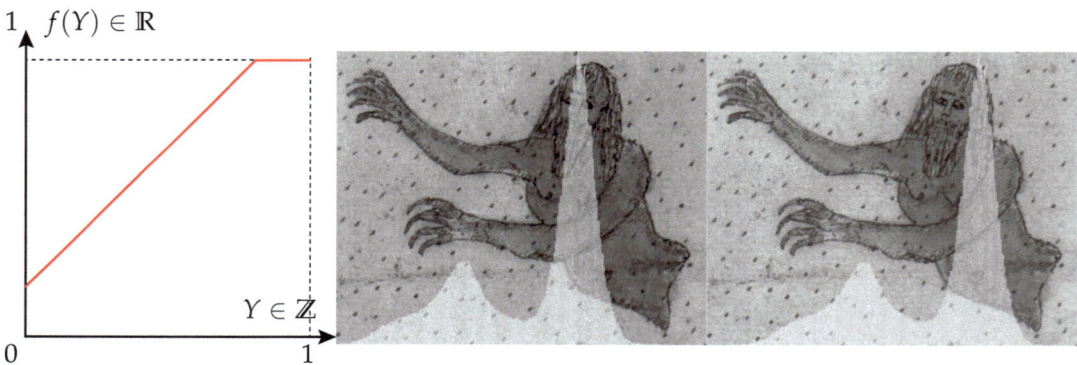

Figura 34: Suma. $a = 20$. Observe la zona de saturación arriba a la derecha en la zona de mayor luminosidad.

En rigor la operación de la ecuación (62), si $f(x, y)$ en una matriz de $N \times M$, corresponde a la suma de dos matrices de la misma dimensión, tal que: $q(x, y) = f(x, y) \pm a(x, y)$, siendo $a(x, y)$ una matriz con todos los valores idénticos igual a una constante.

Multiplicación y división

Otra operación monádica simple es la multiplicación:

$$f(Y) = Y * a, \qquad (63)$$

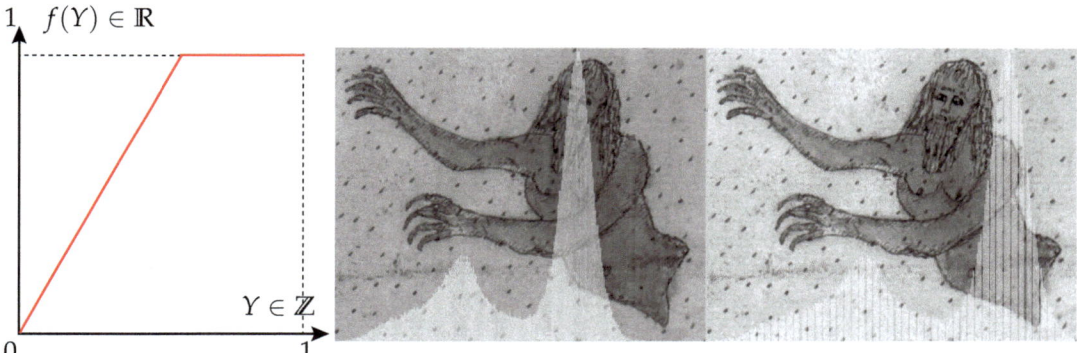

Inversión

La operación monádica de inversión está definida por:

$$f(Y) = 1 - Y, \qquad (64)$$

Posterización

La posterización o cartelización, discretiza el valor de luminosidad de cada píxel en un rango L y está definida por:

$$f(Y) = L \left\lfloor \frac{Y}{L} \right\rfloor, \qquad (65)$$

Figura 35: Multiplicación. $a = 1{,}25$. La multiplicación recorta por arriba si $\alpha > 1$. También es posible que recorte por abajo o en ambos extremos en transformaciones combinadas de suma y multiplicación.

El operador $\lfloor . \rfloor$ redondea al valor inferior más próximo.

Todas las transformaciones citadas operan sin tener en cuenta la información de la imagen de partida, sólo transforman la imagen según una función de transferencia determinada. Sin embargo, es posible obtener una función de transferencia que dependa de la información de la imagen de entrada.

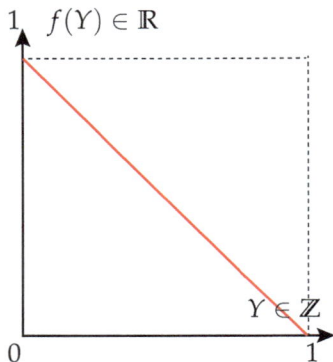

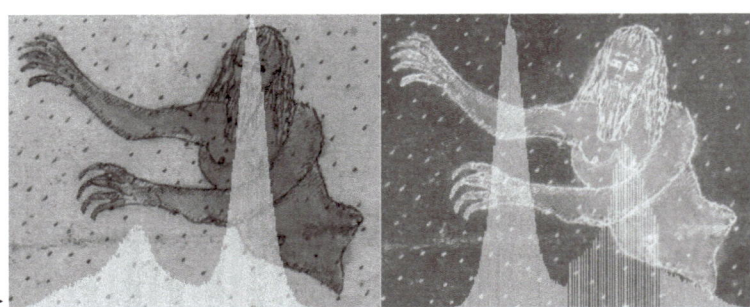

Figura 36: Inversión. Produce el negativo o complemento de una imagen.

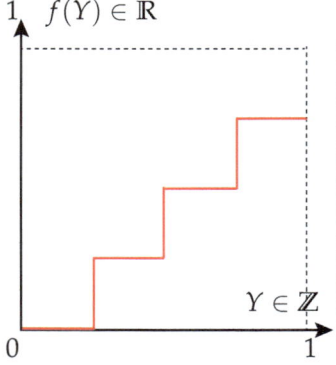

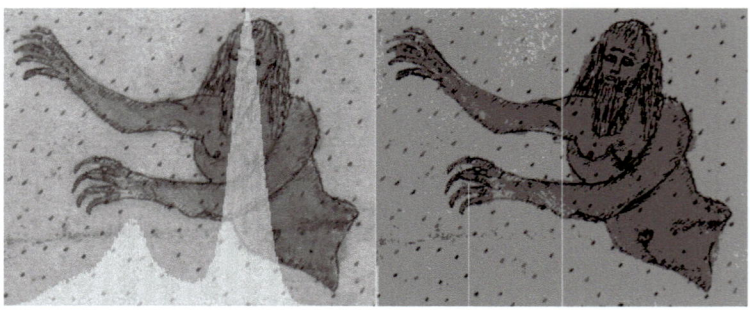

Figura 37: Posterización. $L = 4$.

Ecualización del histograma

La *normalización del histograma* es uno de estos procesos. A partir del histograma de la imagen, se calcula la *función de distribución* o *histograma acumulativo* $H(Y)$; es decir, cada valor de nivel Y corresponde a la suma de todos los valores de iluminación inferiores hasta incluir el valor Y. Luego se normaliza en el rango $[0, 1] \in \mathbb{R}$. Por último se utiliza el histograma acumulativo como función de transferencia (para *mapear* cada valor de Y en $f(Y)$ en todo el rango dinámico ($[0, 2^b - 1]$). En este caso la función monádica $f(y)$ es una mapa no–lineal del histograma acumulativo de la imagen. El resultado es el realce o mejora de sus detalles finos (observe la Figura 38). La normalización del histograma aumenta el contraste local. Lo que hace posible ver detalles ocultos.

$$H(Y) = \sum_Y h(Y)$$
$$H(0) = 0$$
$$H(2^b - 1) = 1$$
$$H(Y) = H(Y - 1) + h(Y).$$

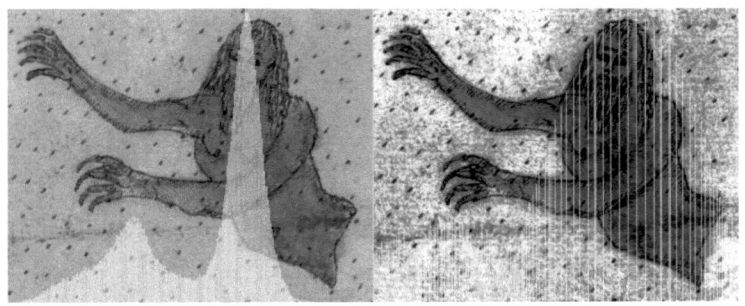

Figura 38: Normalización del histograma. Una imagen bien contrastada posee una distribución uniforme de todos los valores de luminancia.

La ecualización del histograma es la transformación de la imagen según un histograma lineal.

Los valores de intensidad son modificados de manera que el histograma acumulativo aumenta lo más linealmente posible. El histograma acumulativo es la representación del número de píxeles que tienen un valor igual o menor que cada valor de intensidad. Dicho de otro modo, la suma progresiva de las diferentes entradas del histograma.

Hay que tener especial cuidado con este tipo de aumento del contraste ya que después de su aplicación el porcentaje de píxeles (y por tanto el área) con un valor de intensidad por encima o debajo de un umbral será prácticamente el mismo en todas las imágenes ecualizadas. [Fernández, 2017, p. 36]

Las Figuras 34, 35, 36 y 37, muestran tres ejemplos de transformaciones monádicas. En todos los casos se muestra de izquierda a derecha: imagen de referencia, imagen transformada y función de transferencia. Observe como todas estas transformaciones afectan de manera diferente el brillo y el contraste. Si producto de una transformación un píxel adquiere un valor de luminancia Y fuera de rango, $1 < Y < 0$; el valor es restringido al límite superior o inferior, según sea el caso. En cualquiera de los dos casos el rango dinámico disminuye.

Binarización

El primer plano (*foreground*) es el subconjunto de píxeles de la imagen que son de interés. El fondo (*background*) es el resto.

La *umbralización* de una imagen es un caso muy particular e importante de transformación monádica que permite la *binarización* de una imagen. El valor de un píxel de una imagen binaria es 0 ó 1 en dependencia de si el píxel pertenece al fondo (*background*) o a al primer plano (*foreground*). La umbralización es un caso particular de la posterización con la particularidad de que la selección del umbral no es automática sino manual. La imagen binaria obtenida de la binarización se denomina *sección-cruzada* (*cross-section*) o el conjunto de nivel de f a la altura α. Mediante esta transformación es posible descomponer la imagen en un conjunto finito de secciones cruzadas, correspondiente a determinadas umbrales de binarización; de manera tal que, cada sección con umbral α superior, incluye a la sección anterior. La suma de todas las secciones cruzadas, correspondiente a la umbralización de cada nivel de gris, permite recuperar la imagen en escala de gris.

Esta transformación se denomina *descomposición de umbral* o *principio de superposición de umbral*

$$f(Y) = \begin{cases} 0 & Y < \alpha \\ 1 & Y \geq \alpha \end{cases} \qquad (66)$$

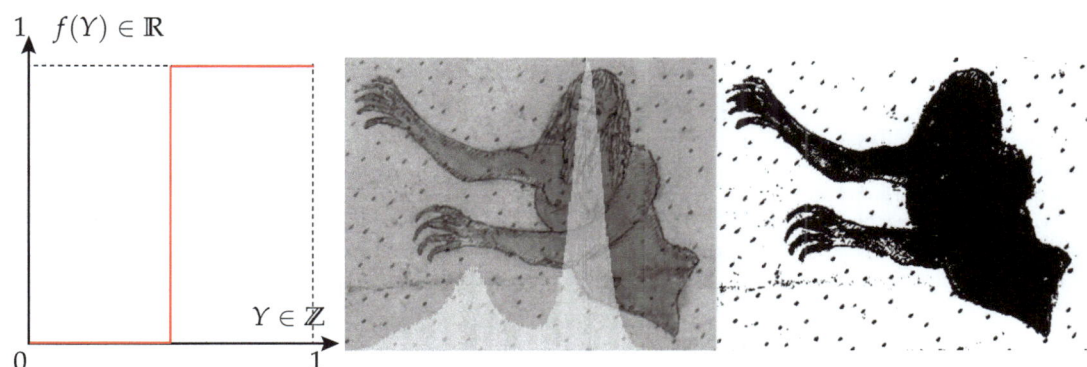

Figura 39: Umbralización. $\alpha = 0{,}5$. Este es un caso extremo de recorte (*clipping*).

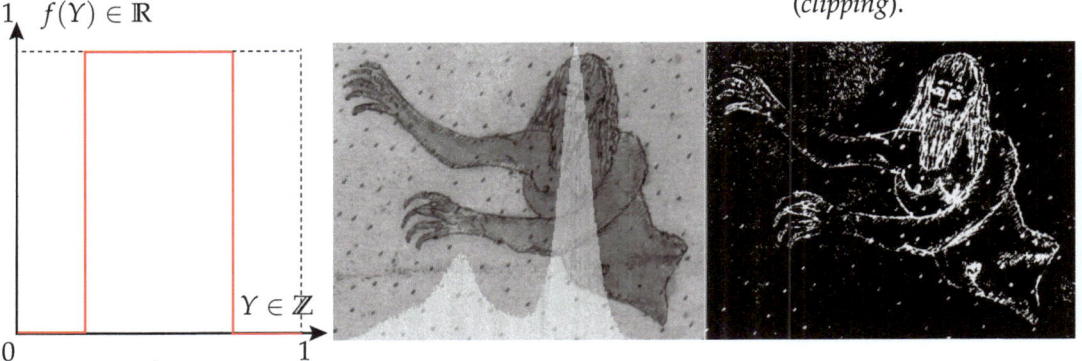

Figura 40: Umbralización por rango. $\alpha = [0{,}25, 0{,}75]$.

En la umbralización por rango o *seccionado por nivel* (*level slicing*), todos los píxeles que caen en un determinado rango de luminosidad Y toman valor $2^b - 1$ y el resto 0.

$$f(Y) = \begin{cases} 1 & \alpha_i \leq Y \leq \alpha_j \\ 0 & \text{de lo contrario} \end{cases} \qquad (67)$$

El seccionado por nivel o troceado se aplica cuando se desea destacar determinado rango de niveles de gris que contiene información sobre alguna característica importante de la imagen.

El método de Otsu determina automáticamente el umbral que minimiza la suma de las varianzas de los píxeles del objeto y el fondo.

Observe que la binarización de una imagen por rango de grises permite obtener una imagen que resalta zonas de píxeles con valor de iluminación parecido. Esta es la base para la *segmentación* de la imagen en zonas que ya no son píxeles sino elementos elementales de la imagen o conjunto de píxeles conectados por la pertenencia a determinada región. La segmentación puede facilitar procesos de detección de bordes, formas, etc. Los objetos segmentados pueden ser medidos por lo que la segmentación constituye el primer paso para la interpretación cuantitativa de la imagen [Soille, 2004, p. 6]. Observe que la imagen binaria permite realizar operaciones lógicas sobre la imagen original. En este caso la imagen binaria actúa como una máscara.

La *morfología* se fundamenta en la teoría de conjuntos: las imágenes se consideran como conjuntos. Los operadores básicos morfológicos corresponden a filtros no lineales de la imagen basados en los operadores máximo y mínimo.

Todas estas transformaciones son útiles para modificar el rango dinámico. La función de transferencia determina cómo se produce esta transformación. Esta función puede ser entendida como una tabla que traduce unos valores de luminancia de entrada (eje de abscisas) en unos valores de luminancia de salida (eje de ordenadas). Puede ser lineal o no lineal.

Funciones no lineales

Una corrección no lineal importante es la *corrección gamma*. Los dispositivos analógicos de visualización de imágenes son muy no lineales; la relación entre la luminancia Y y el voltaje V sigue, aproximadamente, una ley cuadrática: $Y = V^{\gamma}$, donde gamma: $\gamma \approx 2{,}2$. Para evitar esta distorsión los dispositivos de captura incorporan un factor de corrección inverso: $L^{\frac{1}{\gamma}}$, de manera tal que el sistema sea lineal de extremo a extremo. La codificación γ de la imagen suele estar incluida en los metadatos de la imagen. La corrección gamma es una transformación monádica de la forma:

$$f(Y) = Y^{\gamma}. \tag{68}$$

Esta transformación oscurece la imagen.

La *corrección radiométrica*, por ejemplo, es la compensación en la luminancia Y producida durante el proceso de adquisición de la imagen. En este tipo de aplicación son habituales transformaciones no lineales como la función exponencial:

$$f(Y) = \alpha \left[e^{Y \ln(1+\frac{1}{\alpha})} - 1 \right], \tag{69}$$

que oscurece la imagen y la función logarítmica:

$$f(Y) = \frac{1}{\beta} \left[\ln(Y(e^{\beta} - 1)) + 1 \right]. \tag{70}$$

la aclara. α y β son parámetros de las transformaciones.

El filtrado homomórfico combinan funciones logarítmicas y exponenciales. Por ejemplo, es posible descomponer multiplicación de la función del brillo, definida en (39), página 34, en una suma, aplicando:

$$\ln f(x,y) = \ln i(x,y) + \ln r(x,y), \tag{71}$$

para separar los efectos de ambas funciones.

La separación de los componentes de iluminación, $\ln i(x,y)$, y reflectancia, $\ln r(x,y)$, de la ecuacion (71) se realiza mediante un filtrado paso–bajo y paso–alto respectivamente. La recuperación de la imagen se realiza aplicando una exponencial, $f(x,y) = e^{\ln f(x,y)}$.

Transformaciones diádicas y poliádicas

En una transformación diádica cada píxel de salida es función del píxel correspondiente en dos imágenes de entrada.

$$q(x,y) = \mathcal{T}\{f_1(x,y), f_2(x,y)\} \tag{72}$$

Debido a las propiedades físicas de la luz al pasar a través del objetivo, resulta imposible obtener la misma cantidad de luz en los bordes del círculo que en la parte central (la luz que llega a los bordes debe viajar más lejos, por lo tanto disminuye más). Este descenso de la luz crea una reducción muy leve de la exposición o sombreado en las esquinas de la imagen. Este oscurecimiento de las esquinas es lo que se denomina *viñeteado*. Este defecto se puede corregir dividiendo la imagen por una imagen de *campo plano* (*flat field*) normalizada. La imagen de campo plano se obtiene de fotografiar, en las mismas condiciones de iluminación, una imagen patrón de blanco.

Además de las operaciones lógicas, existen operaciones monádicas entre imágenes como la resta o la división (que, en definitiva, no son más que casos especiales de la suma y la multiplicación).

$$q(x,y) = f_1(x,y) + f_2(x,y) \tag{73}$$
$$q(x,y) = f_1(x,y) - f_2(x,y) \tag{74}$$
$$q(x,y) = f_1(x,y) * f_2(x,y) \tag{75}$$
$$q(x,y) = f_1(x,y)/f_2(x,y) \tag{76}$$

Otra operación diádica común la resta se utiliza a menudo para detectar cambios, extraer un objeto de un fondo (máscara), estimar el movimiento de una trama (*frame*) a otra, en una secuencia de imágenes, etc. La resta, en el dominio discreto, es equivalente a la operación de diferenciación. La división, por ejemplo, es útil para eliminar el efecto de viñeteado.

Otro caso interesante de transformaciones píxel a píxel son las *transformaciones poliádicas* o *transformaciones multicanal* o de *combinación de bandas*. Una aplicación simple y práctica es la conversión de una imagen color (3 canales) a una imagen en escala de grises (1 canal); en este caso, se trata de la suma de las 3 bandas de color ponderadas para obtener una imagen en escala de grises.

$$f(x,y) = a_0 R(x,y) + a_1 G(x,y) + a_2 B(x,y), \tag{77}$$

donde a_i, $i = 0, 1, 2$, corresponde a los valores de ponderación.

En el caso más simple $a_0 = a_1 = a_2 = 1/3$. Sin embargo la conversión se puede realizar con algún tipo de *ponderación perceptual*, como es el caso del *método de luminosidad* (*luminosity method*), donde $a_0 = 0{,}2889$, $a_1 = 0{,}5870$ y $a_2 = 0{,}1140$.

Una de las transformaciones de bandas más interesante es el Análisis de componentes principales (PCA, Principal Component Analysis), estrechamente relacionado con la Descomposición en valores singulares (SVD, Singular Value Decomposition) y con la KLT.

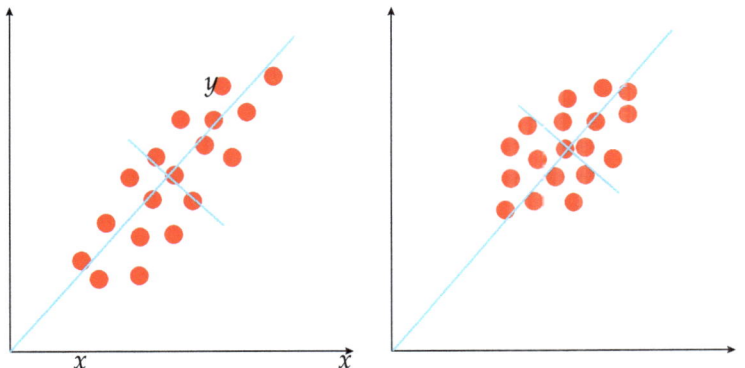

Figura 41: Análisis de componentes principales en 2D.

La Figura 41 representa dos conjuntos de datos con mayor (izquierda) y menor (derecha) varianza. La varianza codifica información contenida en los datos. Como se puede apreciar en la Figura la varianza no es la misma en las dos direcciones. Existe una dirección de máxima varianza. Intuitivamente, esta noción remite a la idea que es posible codificar información de menor varianza con menos información. Los datos puedes ser enmarcados por una elipse cuyos ejes se corresponden con la varianza en ambas direcciones. El eje mayor corresponde a la dirección de máxima varianza y, por lo tanto, de máxima información y es denominada primer *componente principal* mientras que el eje menor, perpendicular al anterior, corresponde a la segunda componente principal.

En la ecuación (78) **V** es una matriz ortogonal, $\mathbf{VV}^T = \mathbf{I}$, y $\mathbf{\Lambda}$ es la matriz identidad (todos los valores de la matriz son 0, excepto los de la diagonal que valen 1).

Matemáticamente no existe diferencia alguna entre calcular PCA desde la matriz de datos o desde su matriz de covarianza. La única diferencia se debe a la precisión numérica y a la complejidad. Obtener la SVD directamente de los datos es numéricamente más estable que hacerlo de la matriz de covarianza $\mathbf{C} = (\mathbf{F} - \mu)(\mathbf{F} - \mu)^T$ (**F** es una forma compacta de representar la matriz imagen $f(x, y)$). SVD puede ser aplicado a la matriz de covarianza para obtener PCA o para obtener los autovalores y autovectores.

En la ecuación (81) **U** y **V** son matrices ortogonales y $\mathbf{\Sigma}$ es una matriz diagonal.

Los vectores y valores propios permiten factorizar una matriz **A** cuadrada en:

$$
\begin{aligned}
\mathbf{A}\mathbf{v}_k &= \lambda_k \mathbf{v}_k, & (78) \\
\mathbf{A} &= \mathbf{V}\mathbf{\Lambda}\mathbf{V}^T & (79) \\
&= \sum_k \lambda_k \mathbf{v}_k \mathbf{v}_k^T & (80)
\end{aligned}
$$

Un *autovector*, $\mathbf{v}_k$, es un vector cuya dirección no cambia cuando se le aplica una transformación lineal, **A**; sólo cambia su magnitud. Esto significa que la transformación lineal **A** sobre el vector $\mathbf{v}_k$ está completamente definida por el *autovalor* λ_k. Para obtener la dirección de máxima varianza es necesario estimar la matriz **A** como la matriz de covarianza. Los componentes principales son los vectores propios de la matriz de covarianza. El PCA es un procedimiento estadístico que usa una transformación ortogonal para convertir un conjunto de observaciones posiblemente correladas en un conjunto de variables incorreladas linealmente llamadas componentes principales. El primer componente principal es el vector propio que corresponde al autovalor mayor. El segundo componente principal es el vector propio que corresponde al siguiente autovalor mayor. Ambos componentes determinan los radios de una elipse en ambas direcciones que encierra los datos. En la página 117 se hace uso de esta propiedad para determinar la elipse equivalente de un determinado objeto en una imagen. Los vectores propios o autovectores forman la base de la KLT.

La SVD factoriza una matriz **A** según:

$$
\mathbf{A} = \mathbf{U}\mathbf{\Sigma}\mathbf{V}^T \tag{81}
$$

Las columnas de $\mathbf{V}^T$ se denominan *vectores singulares por la derecha* y son autovectores de $\mathbf{A}^T\mathbf{A}$. Las columnas de **U** se denominan *vectores singulares por la izquierda* y son autovectores de $\mathbf{AA}^T$.

Los elementos de la diagonal principal de la matriz $\mathbf{\Sigma}$ son las raíces cuadradas de los autovalores $\sigma_i = \sqrt{\lambda_i(\mathbf{A}^T\mathbf{A})}$. Para cualquier matriz $\mathbf{A}$ se cumple:

$$\mathbf{A}^T\mathbf{A} = \mathbf{V}\mathbf{\Sigma}^T\mathbf{U}^T\mathbf{U}\mathbf{\Sigma}\mathbf{V}^T \tag{82}$$

$$= \mathbf{V}(\mathbf{\Sigma}^T\mathbf{\Sigma})\mathbf{V}^T \tag{83}$$

$$(\mathbf{A}^T\mathbf{A})\mathbf{V} = \mathbf{V}(\mathbf{\Sigma}^T\mathbf{\Sigma}) = \mathbf{V}\mathbf{D} \tag{84}$$

y

$$\mathbf{A}\mathbf{A}^T = \mathbf{U}\mathbf{\Sigma}\mathbf{V}^T\mathbf{V}\mathbf{\Sigma}^T\mathbf{U}^T \tag{85}$$

$$= \mathbf{U}(\mathbf{\Sigma}\mathbf{\Sigma}^T)\mathbf{U}^T \tag{86}$$

$$(\mathbf{A}\mathbf{A}^T)\mathbf{U} = \mathbf{U}(\mathbf{\Sigma}\mathbf{\Sigma}^T) = \mathbf{U}\mathbf{D} \tag{87}$$

teniendo en cuenta que $\mathbf{U}^T\mathbf{U} = \mathbf{V}\mathbf{V}^T = \mathbf{I}$. La SVD, los vectores y valores propios son importantes herramientas de reducción de la dimensionalidad de la información (algoritmos de compresión, reconocimiento de patrones, eliminación de ruido, etc.), "blanqueo" de la información o decorrelación, solución de sistemas lineales, etc. El PCA es una aplicación de la SVD. La KLT es, a diferencia de la DFT o la DCT, la transformación más óptima de una imagen; puesto que extrae la matriz de transformación (autovectores) de la propia información.

La compresión de una imagen consiste de aplicar la SVD, según (81) pero reconstruir la imagen sólo con un conjunto de componentes principales. Si la imagen tiene dimensión $N \times M$, la matriz $\mathbf{U}$ tiende dimensión $N \times M$, la matriz diagonal $\mathbf{\Sigma}$, $M \times M$ y la matriz $\mathbf{V}$, $M \times M$. Si el factor de compresión es k; entonces la imagen comprimida se reconstruye con submatrices de las matrices SVD; tal que la la matriz $\mathbf{U}$ tiende dimensión $N \times k$, la matriz diagonal $\mathbf{\Sigma}$, $k \times k$ y la matriz $\mathbf{V}$, $M \times k$.

Figura 42: Compre-
sión SVD. Izquierda:
imagen sin compri-
mir. Centro: imagen
comprimida $k = 64$.
Derecha: imagen com-
primida $k = 32$. En
este ejemplo: $N = 589$,
$M = 472$.

Esta corrección es especial-
mente útil cuando la señal es
muy ténue y las exposiciones
y ganancias de la cámara son
muy altas [Fernández, 2017,
p. 40]

En todos los procesos naturales siempre existe ruido. Entiéndase por ruido una señal indeseable. Es imposible evitar el
ruido, pero sí contrarrestarlo. En el proceso de captura de una
imagen, por ejemplo, el detector introduce ruido: información
que no está en la escena real. Para corregir el ruido generado por el cámara o detector se debe capturar una o varias
imágenes de referencia (en este caso se obtiene una imagen
promedio), en las mismas condiciones en las que se realizará
la captura, pero sin iluminación (con el obturador cerrado) y
restar a cada imagen la imagen oscura de referencia:

$$g(x,y) = f(x,y) - d(x,y), \tag{88}$$

donde $f(x,y)$ es la imagen original, $d(x,y)$ es la imagen
oscura (*dark*) y $g(x,y)$ es la imagen corregida.

En fotografía macro y cuando se trabaja con objetivos de
poca magnificación la iluminación no es uniforme. Este efecto se conoce como viñeteado (*vignetting*). Aunque no es evi-
dente a simple vista, se puede apreciar capturando una imagen patrón de blancos homogénea o plana (*flat field*). Para corregir el viñeteado primero es necesario normalizar la imagen (la normalización se debe realizar en formato `double` para tener la precisión necesaria), dividiendo la imagen de referencia $h(x,y)$ por el valor máximo de intensidad tal que
$h(x,y) = h(x,y) / \text{máx}\{h(x,y)\}$.

Luego se debe aplica la siguiente ecuación a cada imagen capturada:

$$g(x,y) = \frac{f(x,y)}{h(x,y)} \qquad (89)$$

Figura 43: Ejemplo de imagen plana de referencia. Aunque la fuente de luz está correctamente centrada y alineada, la iluminación suele ser más intensa en el centro que en los bordes (debido fundamentalmente a la geometría del objetivo).

Transformaciones espaciales

En las transformaciones espaciales el valor de un píxel en la imagen de salida $q(x, y)$ depende de una región o vecindad de píxeles en la imagen de entrada o ventana cuadrada de longitud W impar[10], tal que:

$$q(x, y) = f(x \pm u, y \pm v), \forall (u, v) \in W, \qquad (90)$$

Convolución

El *filtrado espacial* o *convolución* se expresa matemáticamente como:

$$
\begin{aligned}
q(x, y) &= \sum_u \sum_v w(u, v) f(x - u, y - v) \qquad (91) \\
&= (w * f)(x, y),
\end{aligned}
$$

donde: $u, v = -W, -(W-1) \ldots, -1, 0, 1, \ldots, W-1, W$, por lo que: $\sum_u = \sum_{u=-W}^{W}$. Suponiendo que $W = 3$, la matriz de máscara o ventana está definida por 7 y la operación de convolución por:

$$
\begin{aligned}
q(x, y) &= w(-1, -1) f(x - 1, y - 1) + w(-1, 0) f(x - 1, y) + \\
& \quad w(-1, 1) f(x - 1, y + 1) + w(0, -1) f(x, y - 1) + w(0, 0) f(x, y) + \\
& \quad w(0, 1) f(x, y + 1) + w(1, -1) f(x + 1, y - 1) + \\
& \quad w(1, 0) f(x + 1, y) + w(1, 1) f(x + 1, y + 1)
\end{aligned}
$$

Tabla 7: Ventana o máscara (*kernel*) de convolución $w(x, y)$, $W = 3$ y ventana de imagen asociada.

$f(x-1, y-1)$	$f(x-1, y)$	$f(x-1, y+1)$
$f(x, y-1)$	$f(x, y)$	$f(x, y+1)$
$f(x+1, y-1)$	$f(x+1, y)$	$f(x+1, y+1)$

	-1	0	1
-1	$w(-1,-1)$	$w(-1,0)$	$w(-1,1)$
0	$w(0,-1)$	$w(0,0)$	$w(0,1)$
1	$w(1,-1)$	$w(1,0)$	$w(1,1)$

La convolución es una de las operaciones fundamentales del tratamiento digital de la imagen. Una de las propiedades de la convolución es que la convolución de una función con un impulso unidad produce una copia de la función en la posición del impulso [Gonzalez and Woods, 2008, p. 148].

El centro de la ventana $w(x,y)$ corresponde a la posición del píxel en la imagen de salida $q(x,y)$. La ecuación (91) se debe evaluar para todos los valores de desplazamiento de las variables x e y; de manera tal que todos lo elementos de w visiten todos los píxeles de f [Gonzalez and Woods, 2008, p. 870]; se asume que f es de mayor tamaño que w.

	$(x-1,y)$	
$(x,y-1)$	(x,y)	$(x,y+1)$
	$(x+1,y)$	

$(x-1,y-1)$	$(x-1,y)$	$(x-1,y+1)$
$(x,y-1)$	(x,y)	$(x,y-1)$
$(x+1,y-1)$	$(x+1,y)$	$(x+1,y+1)$

El concepto de *vecindad*, por ejemplo de 4 y 8 píxeles, está relacionado con el de *conectividad*. En una imagen de escala de grises, dos píxeles vecinos están conectados si poseen valores de brillo similares. En una imagen blanco y negro la conectividad exige que los valores sean el mismo.

Esto supone un problema en los bordes; si $W = 3$, por ejemplo, el tratamiento del píxel $f(0,0)$ requiere de valores en las filas y columnas -2 y -1, ¡que no existen! En rigor el filtrado sólo es posible para $f(\lfloor W/2 \rfloor - 1 \geq x \leq M - (\lfloor W/2 \rfloor - 1), \lfloor W/2 \rfloor - 1 \geq y \leq N - (\lfloor W/2 \rfloor - 1))$ con lo cual la imagen de salida sería menor que la imagen de entrada. Para evitar esto se suele extender provisionalmente el tamaño de la imagen, filtrar y a continuación recuperar el tamaño original.

Figura 44: Filtrado. En gris extensión artificial de la imagen. La imagen filtrada tiene dimensión $N + W - 1, M + W - 1$; donde N, M son las dimensiones de la imagen a filtrar y W, W las dimensiones del kernel o máscara de filtrado. En azul, imagen. En este ejemplo, la máscara de 3×3 debe recorrer toda la imagen extendida desde la esquina superior izquierda hasta la esquina inferior derecha. En la imagen de salida sólo se altera el valor del píxel correspondiente al centro de la ventana $(0, 0)$.

El aumento de la imagen se puede realizar en base a diferentes estrategias como:

P. Rellenar el borde igual a un valor P, normalmente 0,

Réplica. Repetir el pixel del borde exterior,

Simétrica. Generar los bordes en espejo respecto al borde exterior.

Circular. Tratar la imagen como si fuera periódica: enrollar la imagen como si fuese un cilindro; es decir, agregar por la derecha $\lfloor W/2 \rfloor$ columnas de la izquierda, por la izquierda $\lfloor W/2 \rfloor$ columnas de la derecha, agregar por arriba $\lfloor W/2 \rfloor$ filas de abajo y, por abajo, $\lfloor W/2 \rfloor$ filas de arriba.

La ecuación 92 muestra tres ejemplos de máscaras $w(x, y)$ de orden $W = 3$. La primera produce la media espacial; observe que esta ventana suma todos los valores de la región de 3×3, en cada píxel de salida, y lo divide por el número de elementos de la ventana: 9. La segunda da mayor valor al píxel central mientras que la tercera da mayor valor al píxel central, a los vecinos de la vertical y horizontal central y menos a los píxeles de las esquinas. Para no afectar la iluminación media de la imagen, la suma de todos los valores de la ventana debe ser 1.

$$\frac{1}{9} \begin{bmatrix} 1 & 1 & 1 \\ 1 & 1 & 1 \\ 1 & 1 & 1 \end{bmatrix} \qquad \frac{1}{10} \begin{bmatrix} 1 & 1 & 1 \\ 1 & 2 & 1 \\ 1 & 1 & 1 \end{bmatrix} \qquad \frac{1}{16} \begin{bmatrix} 1 & 2 & 1 \\ 2 & 4 & 2 \\ 1 & 2 & 1 \end{bmatrix} \quad (92)$$

Todas las máscaras de la ecuación 92 actúan como un filtro paso–bajo; es decir, eliminan las altas frecuencias de la imagen. Es posible diseñar máscaras que, por el contrario, refuercen las altas frecuencias o bordes.

El concepto de frecuencia espacial está relacionado con los cambios bruscos de luminancia con respecto a la distancia. Un componente de alta frecuencia está relacionado con grandes cambios de luminancia sobre distancias muy cortas mientras que un componente de baja frecuencia está relacionado con pocos cambios de luminancia sobre distancias mayores. Un borde es un lugar donde la función de intensidad cambio rápido. En la Figura 45, la silueta o borde de la figura, por ejemplo, varía bruscamente respecto al fondo; es alta frecuencia, mientras que el fondo en sí, salvo donde existen salpicaduras, apenas varías; es baja frecuencia. El filtro paso–bajo sólo "deja pasar"(no bloquea) las bajas frecuencias y tiene un efecto de suavizado o emborronado, destrozando los bordes. La Figura 46 muestra el efecto de aumento del orden del filtro para la misma máscara de media espacial. Observe cómo según aumenta el orden de la máscara: 3×3, 5×5, 7×7, aumenta el efecto de emborronado.

Una máscara de convolución muy adecuada para el suavizado de la imagen es la función Gaussiana bidimensional, dada por:

Figura 45: Filtrado espacial. De izquierda a derecha, imagen de referencia filtrada según las máscaras de la ecuación 92. El borde negro de las imágenes filtradas corresponde a la adopción de la primera estrategia.

$$
\begin{aligned}
g(x,y) &= \frac{1}{2\pi\sigma^2}e^{-\frac{x^2+y^2}{2\sigma^2}} \qquad (93)\\
&= \left(\frac{1}{\sigma\sqrt{2\pi}}e^{-\frac{x^2}{2\sigma^2}}\right)\left(\frac{1}{\sigma\sqrt{2\pi}}e^{-\frac{y^2}{2\sigma^2}}\right) \qquad (94)
\end{aligned}
$$

Figura 46: Filtrado espacial paso–bajo. De izquierda a derecha, imagen de referencia filtrada según la media espacial definida por la primera ecuación en 92 de orden 3, 5 y 7. Observe que el desenfoque es mayor según aumenta el orden de la máscara.

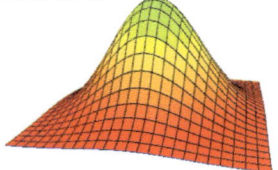

Figura 47: Levantamiento 3D de la máscara de convolución Gaussiana.

El grado de dispersión de la ventana Gaussiana está controlada por la desviación estándar σ. La Gaussiana bidimensional tiene algunas ventajas [Sundararajan, 2017, p. 49] que le hacen muy popular en el tratamiento digital de imágenes como:

1. Debido a su simetría es imparcial direccionalmente.

2. Su forma se controla con un solo valor: la desviación estándar σ.

3. Es un filtro separable (94).

4. Los coeficientes caen a niveles insignificantes en los bordes.

5. La transformada de Fourier de una función Gaussiana es otra función Gaussiana.

6. La convolución de dos funciones Gaussianas es otra función Gaussiana.

La máscara $g(x, y)$, correspondiente a la Figura 47, se suele utilizar normalizada, de manera tal que:

$$g(x,y) = \frac{e^{-\frac{x^2+y^2}{2\sigma^2}}}{\sum_{x=0}^{W-1}\sum_{y=0}^{W-1} e^{-\frac{x^2+y^2}{2\sigma^2}}}, \text{ con } W \text{ igual al número de filas y}$$

columnas de la máscara cuadrada.

Un filtro paso–alto, por el contrario, refuerza los cambios, bordes o discontinuidades. Las máscaras espaciales definidas en 95 son ventanas de este tipo. La Figura 51 muestra el efecto para orden la ventana definida por la primera ecuación en 95 para orden: 3, 5 y 7.

$$
\begin{bmatrix} -1 & -1 & -1 \\ -1 & 9 & -1 \\ -1 & -1 & -1 \end{bmatrix}
\begin{bmatrix} 0 & -1 & 0 \\ -1 & 5 & -1 \\ 0 & -1 & 0 \end{bmatrix}
\begin{bmatrix} 1 & -2 & 1 \\ -2 & 5 & -2 \\ 1 & -2 & 1 \end{bmatrix}
\tag{95}
$$

Las operaciones diferencias en el dominio discreto son equivalentes a la operaciones de derivación en el dominio continuo. La primera derivada es proporcional a la importancia del borde o discontinuidad, se denomina *gradiente*, y está definida por:

$$
\nabla f(x,y) = \begin{bmatrix} \nabla_x(x,y) \\ \nabla_y(x,y) \end{bmatrix} = \begin{bmatrix} \frac{\partial f(x,y)}{\partial x} \\ \frac{\partial f(x,y)}{\partial y} \end{bmatrix},
\tag{96}
$$

donde,

$$
\begin{aligned}
\nabla_x(x,y) &= f(x+1,y) - f(x,y)), \\
\nabla_y(x,y) &= f(x,y+1) - f(x,y).
\end{aligned}
$$

Figura 48: Filtrado espacial con ventana Gaussiana con $\sigma = 5$. De izquierda a derecha, imagen de referencia filtrada por ventanas de orden 3, 5 y 7.

La primera derivada es un vector con magnitud:

$$\|\nabla f(x,y)\| = \sqrt{\nabla_x^2(x,y) + \nabla_y^2(x,y)}$$

y fase:

$$\theta = \tan^{-1} \frac{\nabla_y(x,y)}{\nabla_x(x,y)}.$$

La magnitud está relacionada con la *fuerza del borde*, la cantidad de cambio, y la fase con la *dirección del cambio* u *orientación* del gradiente. El gradiente apunta en la dirección de aumento más rápido de la intensidad.

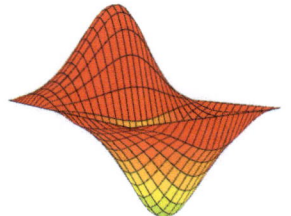

Figura 49: Levantamiento 3D de la primera derivada, $\nabla_x(x,y)$, de la máscara de convolución Gaussiana.

La ventana de los operadores de gradiente está definida por:

$$\nabla_x(x,y) = \begin{bmatrix} 0 & -1 & 0 \\ 0 & 1 & 0 \\ 0 & 0 & 0 \end{bmatrix}, \nabla_y(x,y) = \begin{bmatrix} 0 & 0 & 0 \\ -1 & 1 & 0 \\ 0 & 0 & 0 \end{bmatrix}. \tag{97}$$

Estas transformaciones entre píxeles vecinos son muy sensibles al ruido. Para reducir este efecto se han propuesto diferentes ventanas.

La ventana de Roberts está definida por:

$$\nabla_x(x,y) = \begin{bmatrix} 0 & 0 & 0 \\ 0 & 0 & 1 \\ 0 & -1 & 0 \end{bmatrix}, \nabla_y(x,y) = \begin{bmatrix} -1 & 0 & 0 \\ 0 & 1 & 0 \\ 0 & 0 & 0 \end{bmatrix}. \tag{98}$$

La ventana de Sobel está definida por:

Figura 50: Levantamiento 3D de la segunda derivada, $\nabla^2 f(x,y)$, de la máscara de convolución Gaussiana. Observe que tiene forma de sombrero mexicano.

$$\nabla_x(x,y) = \frac{1}{4} \begin{bmatrix} 1 & 0 & -1 \\ 2 & 0 & -2 \\ 1 & 0 & -1 \end{bmatrix}, \nabla_y(x,y) = \frac{1}{4} \begin{bmatrix} -1 & -2 & -1 \\ 0 & 0 & 0 \\ 1 & 2 & 1 \end{bmatrix}. \tag{99}$$

La venta de Prewitt está definida por:

$$\nabla_x(x,y) = \frac{1}{3} \begin{bmatrix} 1 & 0 & -1 \\ 1 & 0 & -1 \\ 1 & 0 & -1 \end{bmatrix}, \nabla_y(x,y) = \frac{1}{3} \begin{bmatrix} -1 & -1 & -1 \\ 0 & 0 & 0 \\ 1 & 1 & 1 \end{bmatrix}. \tag{100}$$

Figura 51: Filtrado espacial paso–alto. De izquierda a derecha, imagen de referencia filtrada según la máscara espacial definida en 95 de orden 3, 5 y 7. Observe el efecto de realce de las diferencias.

En general estos filtros ofrecen buena respuesta en los bordes horizontales y verticales y mala respuesta en los bordes diagonales y son sensibles al ruido.

La segunda derivada determina la posición del borde o discontinuidad de manera muy precisa, se denomina *Laplaciana* y está definida por:

$$\nabla^2 f(x,y) = \nabla_x^2(x,y) + \nabla_y^2(x,y) = \frac{\partial^2 f(x,y)}{\partial x^2} + \frac{\partial^2 f(x,y)}{\partial y^2}, \tag{101}$$

donde,

$$
\begin{aligned}
\nabla_x^2(x,y) &= \nabla_x(x,y) - \nabla_{x-1}(x,y) \tag{102}\\
&= [f(x+1,y) - f(x,y)] - [f(x,y) - f(x-1,y)],\\
\nabla_y^2(x,y) &= \nabla_y(x,y) - \nabla_{y-1}(x,y) \tag{103}\\
&= [f(x,y+1) - f(x,y)] - [f(x,y) - f(x,y-1)].
\end{aligned}
$$

La segunda derivada de una función Gaussiana $g(x,y)$ se denomina Laplaciana de Gaussiana (LoG, Laplacian of Gaussian) y está definida por:

$$\nabla^2 g(x,y) = \frac{x^2 + y^2 - 2\sigma^2}{\sigma^4} e^{-\frac{x^2+y^2}{2\sigma^2}}.$$

Figura 52: Realce. Imagen de referencia, imagen filtrada por el operador Laplaciano definido en (104) y mejora obtenida restando a la imagen de referencia la imagen filtrada.

El kernel Laplaciano es independiente de la orientación y está definido por la suma definida en 101, tal que:

$$l(x,y) = \begin{bmatrix} 0 & 1 & 0 \\ 1 & -4 & 1 \\ 0 & 1 & 0 \end{bmatrix}. \qquad (104)$$

Figura 53: Gradientes. De izquierda a derecha, derivada parcial respecto a x, $\nabla_x(x,y)$, derivada parcial respecto a y, $\nabla_y(x,y)$; ambos definidos en (99) y magnitud $\|\nabla f(x,y)\|$.

A continuación se muestran algunos ejemplos de operadores Laplacianos. Estos operadores son isotrópicos (invariantes respecto a la dirección) por lo que resultan ideales para detectar bordes independientemente de la orientación o dirección. Se basan en que existe un máximo en la primera derivada y un cruce por cero en la segunda derivada donde la imagen cambia de intensidad bruscamente en determinada dirección.

$$
\begin{bmatrix} 0 & 1 & 0 \\ 1 & -4 & 1 \\ 0 & 1 & 0 \end{bmatrix} \qquad \begin{bmatrix} 1 & 1 & 1 \\ 1 & -8 & 1 \\ 1 & 1 & 1 \end{bmatrix}
$$

$$
\frac{1}{4}\begin{bmatrix} 0 & 1 & 0 \\ 1 & -4 & 1 \\ 0 & 1 & 0 \end{bmatrix} \qquad \frac{1}{4}\begin{bmatrix} 1 & 1 & 1 \\ 1 & -8 & 1 \\ 1 & 1 & 1 \end{bmatrix}
$$

$$
\frac{1}{3}\begin{bmatrix} 2 & -1 & 2 \\ -1 & -4 & -1 \\ 2 & -1 & 2 \end{bmatrix} \qquad \frac{1}{3}\begin{bmatrix} -2 & 1 & -2 \\ 1 & 4 & 1 \\ -2 & 1 & -2 \end{bmatrix}
$$

Para no afectar la iluminación media de la imagen, la suma de todos los valores de las ventanas de gradiente y Laplacianas debe ser 0.

La Figura 52 muestra el uso del filtrado Laplaciano para el realce la imagen. La Figura 53 ilustra el proceso de extracción de bordes basado en la máscara de convolución de Sobel, definida en (99). Normalmente, a la magnitud del gradiente se aplica un filtro de umbralización para encontrar regiones "significativas" del gradiente.

Observe cómo la imagen de la izquierda en la Figura 53 resalta los bordes horizontales mientras que la imagen del centro, los bordes verticales.

Otro método para detectar bordes en una imagen se denomina Diferencia de Gaussiana (DoG, Difference of Gaussian). Se trata de obtener la diferencia de dos imágenes suavizadas con máscaras Gaussianas de diferente desviación típica σ, con $\sigma_2 > \sigma_1$; de manera tal que,

Si $\sigma_2 = k\sigma_1$, $(g_2 - g_1)(x,y) \approx (k-1)\sigma_1^2 \nabla^2 g(x,y)$; es decir, DoG y LoG sólo difieren por un factor constante $k-1$ por lo que $q(x,y) = (l_1 - l_2)(x,y)$, es equivalente a la diferencia de las Laplacianas.

$$
\begin{aligned}
q_1(x,y) &= (g_1 * f)(x,y), \\
q_2(x,y) &= (g_2 * f)(x,y), \\
q(x,y) &= (q_1 - q_2)(x,y),
\end{aligned}
$$

La máscara de convolución DoG es en realidad un filtro paso–banda[11] que elimina los componentes de alta frecuencia que representan el ruido y también los componentes de baja frecuencia que representan áreas homogéneas en la imagen.

$$
\begin{aligned}
q_1(x,y) - q_2(x,y) &= (g_1 * f)(x,y) - (g_2 * f)(x,y), \\
&= (g_1 - g_2)(x,y) * f(x,y), \\
&= \text{DoG} * f(x,y),
\end{aligned}
$$

La ventaja de esta alternativa es que la DoG es independiente de la imagen por lo que se puede computar con antelación y aplicar este filtro a cualquier imagen que se desee suavizar y derivar.

Gran parte del preprocesado o tratamiento de la imagen está relacionado con el ruido. El ruido está en todas partes. El muestreo y la cuantificación, por ejemplo, introduce ruido (más importante cuanto más pequeño es el píxel). La cantidad de ruido en un sistema se suele estimar mediante un valor relativo denominado SNR, definido en (54), página 47. El ruido se suele modelar de manera *aditiva* o *multiplicativa* y suele tener diferente distribución. Una definición del brillo más realista debería incluir el ruido; por ejemplo:

$$
f(x,y) = i(x,y)r(x,y) + n(x,y), \tag{105}
$$

incluye ruido aditivo; Gaussiano, por ejemplo. Este tipo de ruido es de alta frecuencia y se suele tratar con un filtro paso–bajo, como los filtros definidos en la ecuación (92), página 80.

La Figura 54 muestra el filtrado espacial paso–bajo de la imagen contaminada por ruido Gaussiano con SNR de 30 dB según la máscara espacial:

$$
\frac{1}{16}
\begin{bmatrix}
1 & 2 & 1 \\
2 & 4 & 2 \\
1 & 2 & 1
\end{bmatrix}.
$$

Otros dos tipos de ruidos frecuentes en imágenes son los conocidos como Poisson y "sal y pimienta"; ambos de naturaleza impulsiva. Para eliminar este tipo de ruido impulsivo se utiliza un filtro de mediana; es decir, el valor de cada píxel está determinado por la mediana de la ventana. El valor de la mediana es aquel que, una vez ordenados todos los valores de la matriz de menor a mayor (en un arreglo unidimensional, por ejemplo), corresponde a la posición central. El filtro de mediana es un tipo de filtro no lineal.

Para cada modelo de ruido es preciso determinar cuál es la mejor estrategia para suprimirlo. La mayoría de los modelos de ruido parten de la distribución Gaussiana [Gonzalez and Woods, 2008, pp. 166–174]. Cada modelo de ruido posee una distribución en la escala de gris diferente. Entre las funciones de densidad de probabilidad más frecuente utilizadas para modelar el ruido se encuentran: uniforme, Gaussiana, "sal y pimienta", lognormal, Rayleigh, Poisson, exponencial, Erlang, etc.

Entre los filtros espaciales más populares [Gonzalez and Woods, 2008, pp. 183–187] se encuentran: media aritmética, media geométrica, media armónica, media contra-armónica, mediana, máximo, mínimo, punto medio, media gamma-ajustada, etc.

Figura 54: Filtrado de ruido Gaussiano. De izquierda a derecha, imagen sin contaminar, imagen contaminada con SNR 30 dB e imagen filtrada.

Figura 55: Filtrado de ruido Poisson. De izquierda a derecha, imagen sin contaminar, imagen contaminada con SNR 30 dB e imagen filtrada con una ventana de mediana de dimensión 3×3.

Las aplicaciones de filtrado o eliminación de ruido suelen estar relacionadas con procesos de degradación–restauración de la imagen. Los procesos de degradación modelan y explican la naturaleza del ruido $n(x,y)$, mientras que los procesos de restauración intentan corregirlo; es decir, recuperar la imagen original $q(x,y)$. Las estrategias de restauración que ilustran las Figuras 54, 55 y 56, por ejemplo, están basadas en el filtrado o convolución espacial pero no son las únicas. La restauración es objetiva y depende de mediciones cuantitativas sobre la imagen. Los procesos de mejora (*enhancement*) ayudan a mejorar la representación visual de la imagen, son subjetivos y no dependen de ninguna medición cuantitativa. La restauración tiene como objetivo la imagen fiel mientras que la mejora tiene como objetivo la imagen natural. En la investigación científica se utiliza con frecuencia la restauración o corrección con el propósito de extraer información de mayor nivel que explique determinados fenómenos de la realidad que la imagen representa.

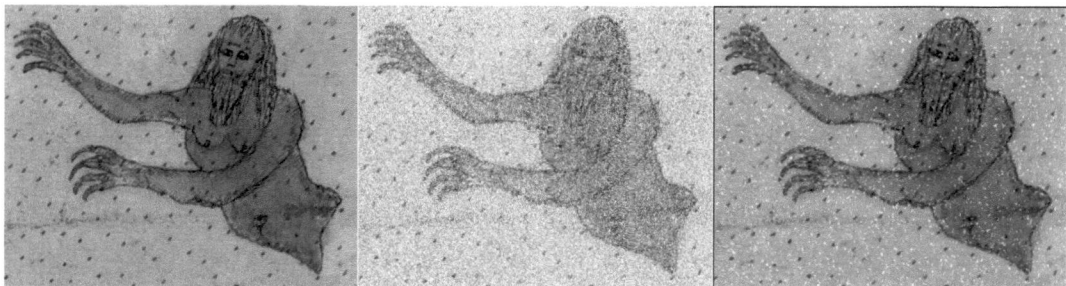

Correlación

La *correlación* es una transformación espacial similar a la convolución, definida por:

$$
\begin{aligned}
q(x,y) &= \sum_u \sum_v w(u,v)f(x+u,y+v) \qquad (106) \\
&= (w \otimes f)(x,y).
\end{aligned}
$$

La única diferencia realmente entre ambas es el signo del desplazamiento de la ventana[12]. La convolución es el mismo proceso que la correlación excepto que la ventana w es rotada $180°$ antes de ser aplicada a la imagen. El uso de la convolución o de la correlación para realizar filtrado espacial es cuestión de preferencia [Gonzalez and Woods, 2008, p. 150]; sin embargo, la convolución, a diferencia de la correlación, es asociativa y conmutativa y esto resulta muy conveniente para determinadas aplicaciones.

Una aplicación muy importante de la correlación es la búsqueda de correspondencia de una imagen pequeña dentro de otra mayor; es decir, usar como máscara de correlación una subimagen y emplear la correlación para determinar su posición en una imagen que la contenga.

Figura 56: Filtrado de ruido "sal y pimienta". De izquierda a derecha, imagen sin contaminar, imagen contaminada e imagen filtrada con una ventana de mediana de dimensión 3×3.

[12] Cuando la máscara es simétrica el resultado es idéntico.

$$
a * (b * c) = (a * b) * c
$$
$$
(a * b) \pm (a * c) = a * (b \pm c)
$$

Figura 57: Correlación cruzada normalizada. En la imagen de la izquierda el recuadro rojo marca la máscara. En la imagen de la derecha correlación cruzada normalizada con la marca donde la correlación es máxima.

La correlación cruzada normalizada está definida por:

$$c(x,y) = \frac{\sum_u \sum_v [w(u,v) - \mu_w][f(x+u, y+v) - \mu_f]}{\sqrt{\sum_u \sum_v |w(u,v) - \mu_w|^2 \sum_u \sum_v |f(x+u, y+v) - \mu_f|^2}}$$

(107)

Observe que el doble sumatorio se realiza en el orden de la máscara $W \times W$ y que cada valor de $c(x,y)$ corresponde al valor de un píxel. Observe también que la media de la máscara de correlación μ_w no cambia, por lo tanto, una vez estimada, no es necesario repetir la resta a la máscara de la media: $w(u,v) - \mu_w$ ni la operación: $\sum_u \sum_v |w(u,v) - \mu_w|^2$, que produce un escalar.

Transformaciones espectrales

Las transformaciones espectrales operan en el dominio de la frecuencia y se basan en el *teorema de convolución*, según el cual:

$$(f * h)(x,y) \leftrightarrow F(m,n)H(m,n), \qquad (108)$$

es decir, la convolución en el dominio espacial es equivalente a la multiplicación en el dominio frecuencial[13]. $F(m,n)$ y $H(m,n)$ corresponden a la DFT de $f(x,y)$ y $h(x,y)$, respectivamente. De manera tal que:

$$q(x,y) = \mathcal{F}^{-1}\{Q(m,n)\}, \qquad (109)$$

con $Q(m,n) = F(m,n)H(m,n)$. $\mathcal{F}$ es la transformada de Fourier y $\mathcal{F}^{-1}$ es la trasnformada inversa de Fourier. La convolución de $f(x,y)$ con $h(x,y)$, definida en (91), está dada por:

$$
\begin{aligned}
q(x,y) &= (h * f)(x,y) = \sum_u \sum_v h(u,v)f(x-u,y-v) \\
&= (f * h)(x,y) = \sum_u \sum_v f(u,v)h(x-u,y-v),
\end{aligned}
$$

Suponga que la dimensión de $f(x,y)$ es $N \times M$ y la dimensión de $h(x,y)$ es $K \times L$. Para que se cumpla el teorema de muestreo las matrices $f(x,y)$ y $h(x,y)$ deben ser ampliadas con ceros hasta alcanzar la dimensión $M + K - 1, N + L - 1$. Si $K = L$, la DFT de $q(x,y)$,

$$Q(m,n) = \sum_x \sum_y q(x,y) W_K^{(mx+ny)},$$

$$= \sum_x \sum_y \left[\sum_u \sum_v f(u,v) h(x-u,y-v) \right] W_K^{(mx+ny)},$$

$$= \sum_u \sum_v f(u,v) \left[\sum_x \sum_y h(x-u,y-v) \right] W_K^{(mx+ny)},$$

$$= \sum_u \sum_v f(u,v) \left[H(m,n) \right] W_K^{(mx+ny)},$$

$$= F(m,n) H(m,n). \tag{110}$$

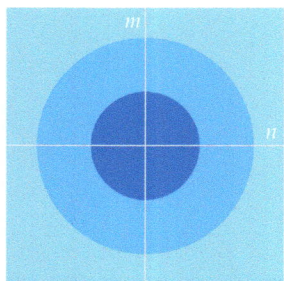

Figura 58: Distribución de frecuencias en el dominio transformado. En tono oscuro zona de bajas, en tono medio zona de medias y en tono claro zona de altas frecuencias.

La Figura 58 muestra la distribución espectral en el dominio transformado. El nivel de continua está justo en el centro y las frecuencias aumentan radialmente hacia afuera. El espectro es simétrico, la mitad inferior $W_K^{-(mx+ny)}$ corresponde al complejo conjugado de la mitad superior $W_K^{(mx+ny)}$. En definitiva, la mitad inferior es redundante.

La Figura 59 muestra algunos esquemas de filtros típicos. Todos estas muestras se comportan por igual en todas direcciones; es decir, para líneas horizontales, verticales y diagonales. Las ecuaciones correspondientes a estos filtros en el dominio de la frecuencia son:

$$H_{lp}(m,n) = \begin{cases} 1, & r \leq r_0 \\ 0, & \text{resto} \end{cases} \tag{111}$$

$$H_{bp}(m,n) = \begin{cases} 1, & r_0 \leq r \leq r_1 \\ 0, & \text{resto} \end{cases} \tag{112}$$

$$H_{br}(m,n) = \begin{cases} 0, & r_0 \leq r \leq r_1 \\ 1, & \text{resto} \end{cases} \tag{113}$$

$$H_{hp}(m,n) = \begin{cases} 1, & r \geq r_0 \\ 0, & \text{resto} \end{cases} \tag{114}$$

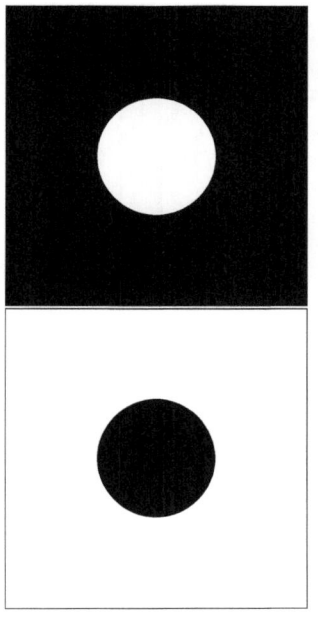

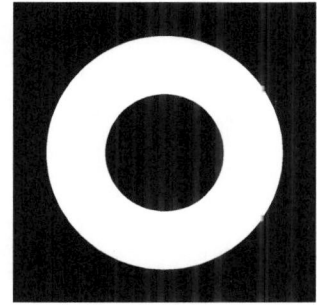

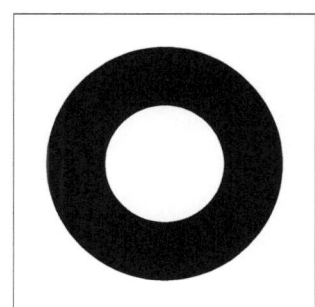

donde $r = \sqrt{m^2 + n^2}$ es la distancia entre el punto espectral (m, n) y el centro del espectro y r_0 es el radio de corte. Los filtros paso–banda y de banda–rechazada poseen dos radios de corte r_0 (baja frecuencia) y r_1 (alta frecuencia).

$$
\begin{aligned}
H_{bp}(m, n) &= H_{lp(r_1)}(m, n) - H_{lp(r_0)}(m, n) \\
H_{br}(m, n) &= 1 - H_{bp}(m, n) \\
H_{hp}(m, n) &= 1 - H_{lp}(m, n)
\end{aligned}
$$

Todos los filtros representados en la Figura 59, (111, 112, 113 y 114) son ideales. Ningún filtro real tiene una pendiente tan pronunciada entre las frecuencias de corte.

Figura 59: Tipos de filtros básicos en el dominio espectral. De izquierda a derecha: paso–bajo $H_{lp}(m, n)$, paso–banda $H_{bp}(m, n)$, muesca o de banda–rechazada $H_{br}(m, n)$ (complemento del paso–banda) y paso–alto $H_{hp}(m, n)$ (complemento del paso–bajo). Se representa en blanco el rango de frecuencias que pasa y en negro el rango de frecuencias bloqueadas.

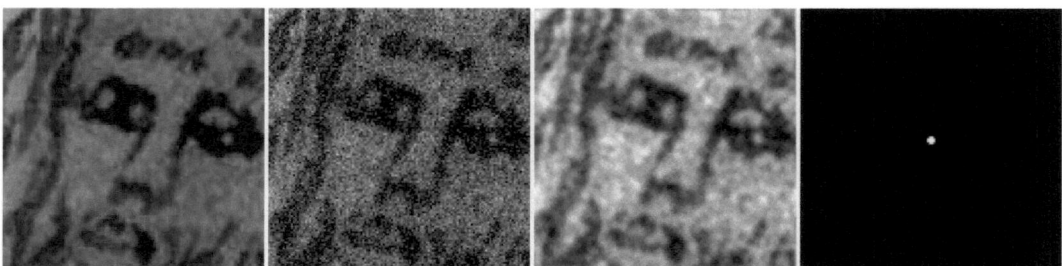

Figura 60: Ejemplo de filtrado paso–bajo en el dominio espectral. De izquierda a derecha: imagen de referencia, imagen contaminada con ruido Gaussiano (SNR = 0 dB), imagen filtrada, filtro paso–bajo empleado.

Algunos ejemplos de filtros realizables son:

Butterworth: $H(r) = \dfrac{1}{1 + \left(\frac{r}{r_0}\right)^{2K}}$

Exponencial: $H(r) = e^{-\left(\frac{r}{r_0}\right)^{K}}$

Trapezoidal: $H(r) = \begin{cases} 1, & r < r_0 \\ \frac{r_1 - r}{r_1 - r_0}, & r_0 \leq r \leq r_1 \\ 0, & r > r_1 \end{cases}$

Gaussiano: $H(r) = e^{-\frac{r^2}{2r_0^2}}$

Existen muchas técnicas para el desarrollo de filtros como:

Transformación en frecuencia. Transforma el filtro 1D en uno 2D.

Muestreo en frecuencia. Crea el filtro de acuerdo a la respuesta deseada en frecuencia.

Enventanado. Aplica ventanas bidimensionales sobre el filtro ideal; por ejemplo: rectangular, triangular (Bartlett), Hanning, Hamming, Tukey, Blackman, Kaiser, Chebycheff, etc.

Si $Q(m,n) = H(m,n)F(m,n)$, entonces:

$$f(x,y) = \mathcal{F}^{-1}\left\{ \frac{Q(m,n)}{H(m,n)} \right\}, \tag{115}$$

lo que se conoce como *filtrado inverso* sin ruido[14].

Es posible realizar el filtrado homomórfico, definido en (71), página 71, en el dominio de la frecuencia, tal que:

$$q(x,y) = \ln f(x,y) \tag{116}$$
$$= \ln i(x,y) + \ln r(x,y), \tag{117}$$
$$Q(m,n) = I(m,n) + R(m,n). \tag{118}$$

El filtrado en el dominio de la frecuencia está definido por:

$$P(m,n) = H(m,n)Q(m,n), \tag{119}$$
$$= H_{\text{LP}}(m,n)I(m,n) + H_{\text{HP}}(m,n)R(m,n). \tag{120}$$

La transformada inversa de Fourier, $p(x,y) = \mathcal{F}^{-1}\{P(m,n)\}$, permite recuperar la imagen original en escala de grises mediante la operación complementaria:

$$q(x,y) = e^{p(x,y)}. \tag{121}$$

Esta operación suprime los cambios de iluminación en la escena y mejora el componente de reflectancia.

[14] Es preciso tener cuidado porque la mayoría de los valores de $H(n,m)$ pueden valer cero o un valor cercano a cero por lo que la división puede ser indefinida. La operación debe acotarse a una región de baja frecuencia.

Transformaciones geométricas

Las transformaciones geométricas modifican el valor de los píxeles en dependencia de los cambios geométricos de las coordenadas (x, y); las coordenadas (x, y) cambian a (k, l).

$$(k, l) = \mathcal{T}\{(x, y)\} \tag{122}$$

$$(x, y) = \mathcal{T}^{-1}\{(k, l)\} \tag{123}$$

$$q(k, l) = f(\mathcal{T}^{-1}\{(k, l)\}) \tag{124}$$

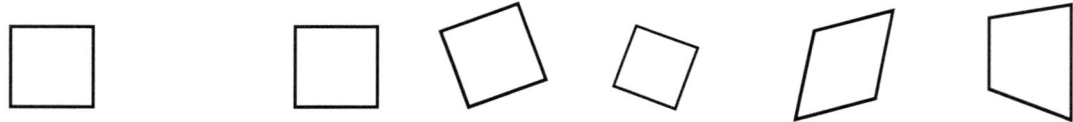

Figura 61: Transformaciones planares. **izq**. modelo de escena. **der**. transformaciones planares en 2D. De izquierda a derecha: traslación, euclídea, similitud, afín y proyectiva.

La Figura 61 muestra el conjunto de transformaciones planares básicas 2D según aumenta los grados de libertad de la transformación de izquierda a derecha: traslación (2), euclídea (3), similitud (4), afín (6) y proyectiva (8).

Las coordenadas corresponden a la posición de un píxel y, por lo tanto, son valores enteros; sin embargo, las transformaciones, como se puede observar producen valores decimales; es decir, valores que caen en posiciones intermedias a la rejilla de píxeles. Es necesario, por lo tanto, "redondear" estos valores a posiciones enteras y estimar el valor correspondiente de brillo Y del píxel.

Las transformaciones geométricas, espaciales o planares (traslación, rotación, escala, reflexión y distorsión) se pueden expresar en función de la *transformación afín*:

$$\begin{bmatrix} k \\ l \end{bmatrix} = \begin{bmatrix} a & b \\ d & e \end{bmatrix} \begin{bmatrix} x \\ y \end{bmatrix} + \begin{bmatrix} c \\ f \end{bmatrix} \tag{125}$$

$$\begin{bmatrix} k \\ l \\ 1 \end{bmatrix} = \begin{bmatrix} a & b & c \\ d & e & f \\ 0 & 0 & 1 \end{bmatrix} \begin{bmatrix} x \\ y \\ 1 \end{bmatrix} \tag{126}$$

Observe que:

$$k = ax + by + c$$
$$l = dx + ey + f$$

Es posible definir diferentes tipos de transformaciones elementales en dependencia de los valores de los coeficientes de la matrix de transformación tal que:

Traslación: $\begin{bmatrix} 1 & 0 & c \\ 0 & 1 & f \\ 0 & 0 & 1 \end{bmatrix}$, tal que $\begin{matrix} k = x + c \\ l = y + f \end{matrix}$.

Rotación: $\begin{bmatrix} \cos\theta & -\sin\theta & 0 \\ \sin\theta & \cos\theta & 0 \\ 0 & 0 & 1 \end{bmatrix}$, tal que $\begin{matrix} k = x\cos\theta - y\sin\theta \\ l = x\sin\theta + y\cos\theta \end{matrix}$.

Escala: $\begin{bmatrix} a & 0 & 0 \\ 0 & e & 0 \\ 0 & 0 & 1 \end{bmatrix}$, tal que $\begin{matrix} k = ax \\ l = ey \end{matrix}$.

Distorsión (eje k): $\begin{bmatrix} 1 & b & 0 \\ 0 & 1 & 0 \\ 0 & 0 & 1 \end{bmatrix}$, tal que $\begin{matrix} k = x + by \\ l = y \end{matrix}$.

La matrix de transformación genérica está definida por

$$T = \begin{bmatrix} a & b & c \\ d & e & f \\ 0 & 0 & 1 \end{bmatrix}$$ y opera

en un sistema de coordenadas homogéneo. Tal sistema es simplemente una representación para las transformaciones afínes y perspectivas. Una transformación afín establece un mapa entre dos espacios vectoriales que consiste de una parte lineal, expresada como una multiplicación con una matriz y una parte aditiva, un desplazamiento o traslación [Gonzalez et al., 2010, pp. 237–238]. La transformación afín tiene 6 grados de libertad relacionados directamente con los coeficientes: a, b, c, d, e, y f.

Distorsión (eje l): $\begin{bmatrix} 1 & 0 & 0 \\ d & 1 & 0 \\ 0 & 0 & 1 \end{bmatrix}$, tal que $\begin{matrix} k = x \\ l = dx + y \end{matrix}$.

Para combinar P transformaciones elementales se deben multiplicar las matrices elementales correspondientes, tal que:

$$T = T_1 T_2 \ldots T_P. \tag{127}$$

Por ejemplo:

$$
T = \begin{bmatrix} 1 & 0 & t_x \\ 0 & 1 & t_y \\ 0 & 0 & 1 \end{bmatrix} \begin{bmatrix} \cos\theta & -\sin\theta & 0 \\ \sin\theta & \cos\theta & 0 \\ 0 & 0 & 1 \end{bmatrix} \begin{bmatrix} s_x & 0 & 0 \\ 0 & s_y & 0 \\ 0 & 0 & 1 \end{bmatrix}
$$

$$
= \begin{bmatrix} s_x\cos\theta & -s_y\sin\theta & t_x \\ s_x\sin\theta & s_y\cos\theta & t_y \\ 0 & 0 & 1 \end{bmatrix}
$$

Las transformaciones afines son un caso particular de la *transformaciones proyectivas* ($g = h = 0, i = 1$); son útiles para revertir la distorsión perspectiva de una imagen.

$$
X = \frac{k}{w} = \frac{ax + by + c}{gx + hy + i}
$$
$$
Y = \frac{l}{w} = \frac{dx + ey + f}{gx + hy + i}
$$

$$
\begin{bmatrix} k \\ l \\ w \end{bmatrix} = \begin{bmatrix} a & b & c \\ d & e & f \\ g & h & i \end{bmatrix} \begin{bmatrix} x \\ y \\ 1 \end{bmatrix} \tag{128}
$$

donde $X = \frac{k}{w}$ e $Y = \frac{l}{w}$. En una transformación proyectiva las líneas se transforman en líneas pero la mayoría de las líneas no permanecen paralelas; sólo las que son paralelas al plano de proyección.

Interpolación

La interpolación es una herramienta muy utilizada en tratamiento digital de la señal que permite reconstruir señales continuas a partir de secuencias discretas. Cuando se produce una transformación geométrica es necesario interpolar entre los valores de brillo conocidos de la posición inicial (x, y) para encontrar lo valores de brillo de la posición final (k, l). Los valores de brillo conocidos deben ser ponderados y sumados de tal manera que permitan estimar (interpolar) el valor desconocido en las posiciones intermedias. El peso correspondiente a un píxel es una función de su distancia al píxel interpolado. Cuanto más corta es la distancia más pesa la influencia del píxel [Sundararajan, 2017, p. 164].

El método de interpolación más simple es el del *vecino más cercano*; que redondea al entero más próximo pero produce imágenes borrosas.

La *interpolación bilineal* interpola en las dos direcciones ortogonales de la imagen[15]. El píxel toma valor en función del vecino más próximo (encontrado por truncación) y de sus tres vecinos hacia derecha–abajo,

según:

$$f(k, l) = \quad (1 - c)[(1 - r)f(x, y) + (r)f(x + 1, y)] + \quad (129)$$
$$(c)[(1 - r)f(x, y + 1) + (r)f(x + 1, y + 1)]$$

donde $r = k - x$ y $c = l - y$. La distancia entre píxeles es 1.

[15] Como en el caso de la FFT se procesa primero en una dirección y después en la otra.

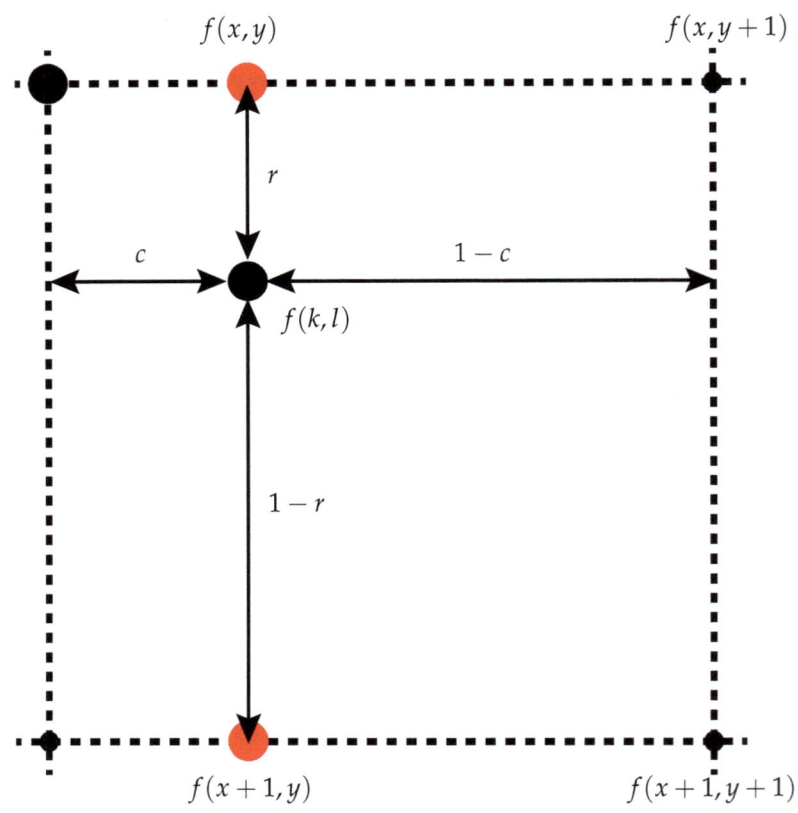

102

Figura 62: Esquema de la interpolación bilineal.

La ecuación (129) se puede descomponer en:

$$
\begin{aligned}
Y_a &= f(x,y) + [f(x+1,y) - f(x,y)]c \\
Y_b &= f(x,y+1) + [f(x+1,y+1) - f(x,y+1)]c \\
Y &= Y_a + [Y_b - Y_a]r
\end{aligned}
$$

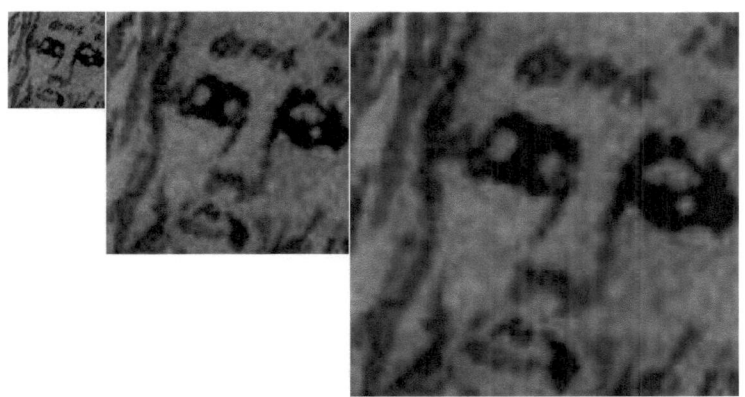

Figura 63: Cambio de escala con interpolación bilineal. De izquierda a derecha: ×1, ×2,5, ×4

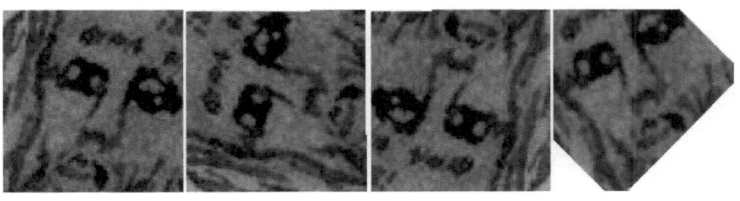

Figura 64: Rotación con interpolación bilineal. De izquierda a derecha: 0, $\frac{\pi}{2}$, π, $\frac{\pi}{4}$.

La *interpolación bicuadrática*, también la *interpolación bicúbica*, es una aplicación directa de parábolas. El píxel toma valor en función del vecino más próximo (por truncación) y de sus ocho vecinos hacia derecha–abajo.

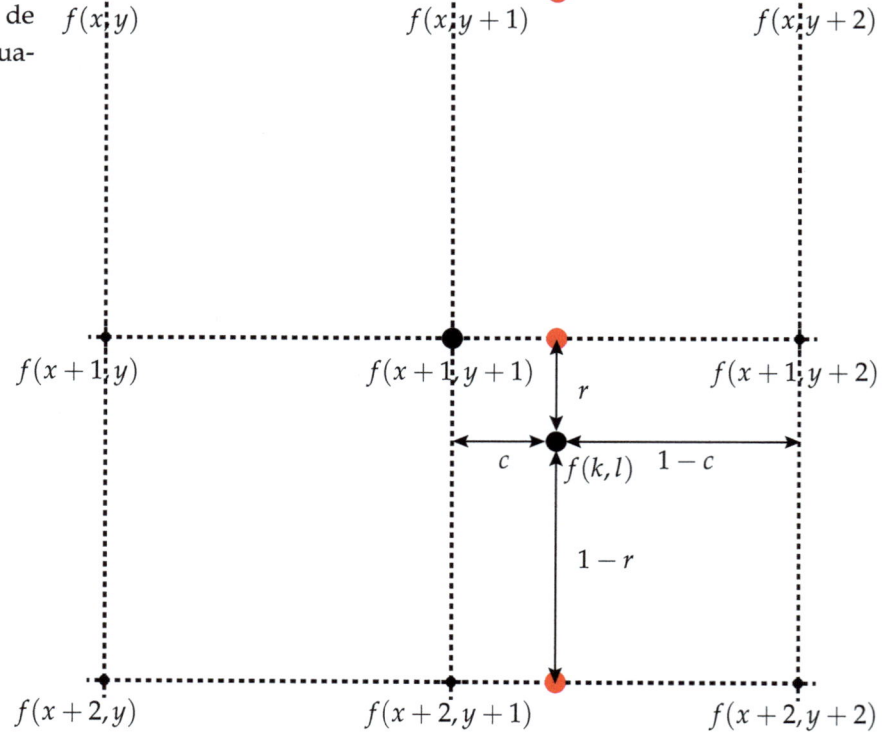

Figura 65: Esquema de la interpolación bicuadrática.

$$qc = 0{,}5c^2 \qquad qr = 0{,}5r^2$$

$$dc = 0{,}5c \qquad dr = 0{,}5r$$

$$Y_0 = f(x+1,y) + [f(x+2,y) - f(x,y)]dc \qquad (130)$$
$$+ [f(x,y) - 2f(x+1,y) + f(x+2,y)]qc$$

$$Y_1 = f(x+1,y+1) + [f(x+2,y+1) - f(x,y+1)]dc \qquad (131)$$
$$+ [f(x,y+1) - 2f(x+1,y+1) + f(x+2,y+1)]qc$$

$$Y_2 = f(x+1,y+2) + [f(x+2,y+2) - f(x,y+2)]dc \qquad (132)$$
$$+ [f(x,y+2) - 2f(x+1,y+2) + f(x+2,y+2)]qc$$

$$Y = Y_1 + [Y_2 - Y_0]dr + [Y_0 - 2Y_1 + Y_2]qr \qquad (133)$$

En la *interpolación bicúbica* el píxel toma valor en función del vecino más próximo (por truncación) y de sus quince vecinos hacia derecha–abajo.

En los métodos de interpolación que utilizan determinada vecindad primero interpola por filas (puntos rojos) y, al final, por columna o viceversa: primero por columnas y luego por fila.

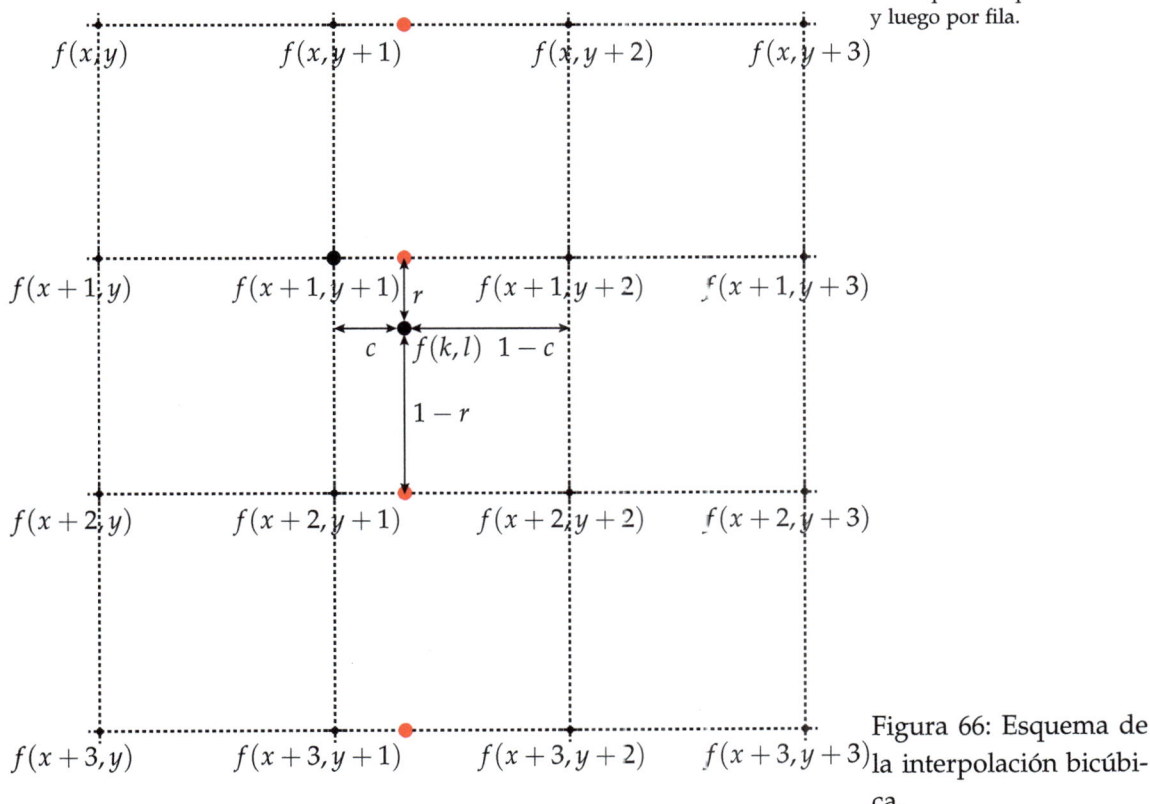

Figura 66: Esquema de la interpolación bicúbica.

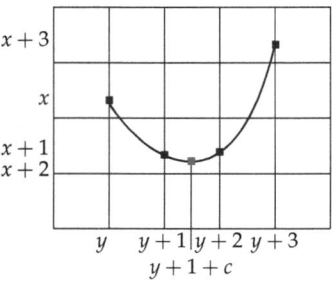

$x + 3$

x

$x + 1$
$x + 2$

$y \quad y + 1 \, y + 2 \, y + 3$
$y + 1 + c$

Figura 67: Solución de la parábola por la regla de Cramer.

$$x(c) = a_0 + a_1 c + a_2 c^2 + a_3 c^3$$
$$x_0 = a_0 - a_1 + a_2 - a_3$$
$$x_1 = a_0$$
$$x_2 = a_0 + a_1 + a_2 + a_3$$
$$x_3 = a_0 + 2a_1 + 4a_2 + 8a_3$$

Para cada columna $c = 0, 1, 2, 3$:

$$d_0 = f(x, y + c) - f(x + 1, y + c)$$
$$d_2 = f(x + 2, y + c) - f(x + 1, y + c)$$
$$d_3 = f(x + 3, y + c) - f(x + 1, y + c)$$
$$a_0 = f(x + 1, y + c)$$
$$a_1 = -\frac{1}{3}d_0 + d_2 - \frac{1}{6}d_3$$
$$a_2 = \frac{1}{2}d_0 + \frac{1}{2}d_2$$
$$a_3 = -\frac{1}{6}d_0 - \frac{1}{2}d_2 + \frac{1}{6}d_3$$
$$Y_c = a_0 + a_1 dc + a_2 dc^2 + a_3 dc^3$$

Esto produce los valores Y_0, Y_1, Y_2, Y_3. A continuación se interpolan los valores en dirección horizontal.

$$d_0 = Y_0 - Y_1 \qquad d_2 = Y_2 - Y_1 \qquad d_3 = Y3 - Y_1$$
$$a_0 = Y_1$$
$$a_1 = -\frac{1}{3}d_0 + d_2 - \frac{1}{6}d_3$$
$$a_2 = \frac{1}{2}d_0 + \frac{1}{2}d_2$$
$$a_3 = -\frac{1}{6}d_0 - \frac{1}{2}d_2 + \frac{1}{6}d_3$$
$$Y = a_0 + a_1 dr + a_2 dr^2 + a_3 dr^3$$

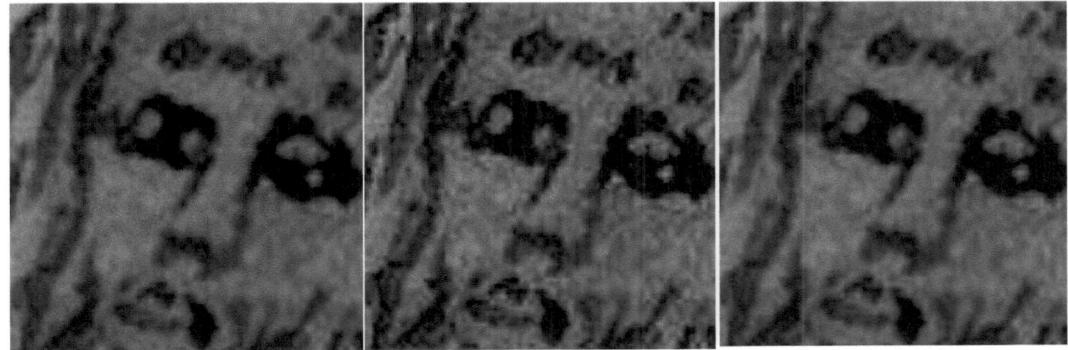

Transformaciones morfológicas

El objetivo de las transformaciones morfológicas es la extracción de estructuras geométricas en los conjuntos sobre los que se opera, mediante la utilización de otro conjunto de forma conocida denominado *elemento estructurante* [Zamora, 2002, p. 45]. Las *transformaciones morfológicas* operan sobre imágenes binarias donde los píxeles sólo tienen dos valores posibles: blanco, negro[16]. Las transformaciones morfológicas, por lo tanto, añaden ($Y = 1$) o eliminan ($Y = 0$) píxeles de la imagen. Esta tipo de operaciones facilita el análisis y la estructura de los objetos en una escena. Las dos operaciones básicas de estas transformaciones son la *convolución binaria* y la *correlación binaria*; basadas en operaciones lógicas y no en operaciones aritméticas [Sundararajan, 2017, p. 217].

Figura 68: Comparación de los métodos de interpolación. Ampliación ×4 según los tres métodos. De izquierda a derecha: bilineal, bicuadrática y bicúbica. Las aplicaciones básicas de los filtros morfológicos son la atenuación del ruido y la extracción selectiva de objetos en la imagen.

[16] Las operaciones en imágenes en escala de grises utilizan operadores de *mínimo* y *máximo*.

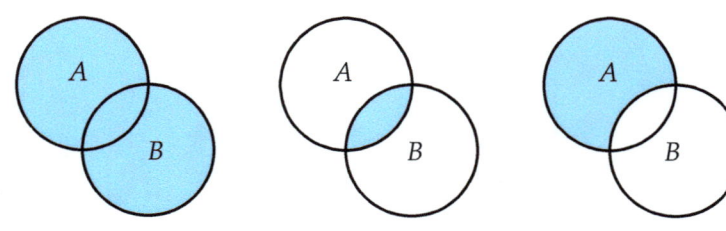

Figura 69: Operaciones lógicas elementales. De izquierda a derecha: OR $A \vee B$ (unión $A \cup B$), AND $A \wedge B$ (intersección $A \cap B$) y NOT $A \neg B$ (diferencia $A \setminus B$).

El resultado de la dilatación es el conjunto de puntos origen del elemento estructurante, tales que el elemento estructurante contiene algún elemento del conjunto conectado en la imagen, cuando el elemento se desplaza por el espacio que contiene a ambos conjuntos.

[17] Una forma, en una imagen binaria, es un conjunto conectado de 1s.

Todas las transformaciones morfológicas se basan en dos operaciones básicas: *dilatación* y *erosión*. Ambas operaciones son una especie de convolución o correlación lógica. La dilatación (definida en 134) añade píxeles en los bordes; las formas[17] crecen según el elemento estructurante.

$$
\begin{aligned}
q(x,y) &= \cup_u \cup_v w(u,v) \cap f(x-u, y-v) \qquad (134) \\
&= |_u|_v \, w(u,v) \,\&\, f(x-u, y-v) \\
&= (f \oplus w)(x,y),
\end{aligned}
$$

$w(u,v)$ se conoce aquí como *elemento estructurante* y no como *kernel* pero es igualmente una ventana o máscara donde sólo los píxeles $w(u,v) = 1$ contribuyen a la salida.

La erosión (135) elimina píxeles en los bordes; las formas se reducen según el elemento estructurante.

El símbolo $\ominus$ representa la resta de Minkowski.

$$
\begin{aligned}
q(x,y) &= \cap_u \cap_v w(u,v) \cap f(x+u, y+v) \qquad (135) \\
&= \&_u \&_v \, w(u,v) \,\&\, f(x+u, y+v) \\
&= (f \ominus w)(x,y),
\end{aligned}
$$

En la erosión el píxel contribuye a la salida sólo cuando el elemento estructurante se ajusta al conjunto.

La dilatación y la erosión son complementarias aunque no mutuamente inversas. Existe una fuerte relación entre las dos operaciones. Es posible realizar la erosión $f \ominus w$ a partir de la dilatación. Para ello es necesario invertir la imagen f (operación NOT), reflejar la máscara w (rotación 180°), dilatar $f \oplus w$ e invertir el resultado.

Los elementos conectados del conjunto en la imagen más pequeños que los del elemento estructurante, son eliminados.

La Figura 71 muestra un ejemplo de extracción de bordes mediante la operación lógica OR exclusivo, XOR, entre pares de píxeles de la imagen binarizada y la imagen erosionada. El elemento estructurante utilizado en los ejemplos de las Figuras 68 y 71 es un círculo definido por:

$$w(x,y) = \begin{bmatrix} 0 & 1 & 0 \\ 1 & 1 & 1 \\ 0 & 1 & 0 \end{bmatrix}. \tag{136}$$

$$q(x,y) = (f \oplus (f \ominus w))(x,y) \tag{137}$$

La operación XOR sólo es 1 exactamente en aquellos pixeles diferentes entre ambas imágenes.

Otras dos operaciones morfológicas compuestas son *apertura* y *cierre*. La apertura $(f \circ w)(x,y)$ es una erosión seguida

Figura 70: Ejemplo de dilatación y erosión binaria. De izquierda a derecha: complemento de la imagen binarizada con $\alpha = 0{,}5$, dilatación y erosión. Se ha invertido la umbralización para que la figura esté compuesta de 1s y el fondo de 0s.

de una dilatación mientras que el cierre $(f \bullet w)(x,y)$ es una dilatación seguida de una erosión.

$$q(x,y) = (f \circ w)(x,y) = ((f \ominus w) \oplus w)(x,y) \qquad (138)$$

$$q(x,y) = (f \bullet w)(x,y) = ((f \oplus w) \ominus w)(x,y) \qquad (139)$$

Figura 71: Ejemplo de extracción de bordes mediante erosión y XOR.

La apertura elimina regiones pequeñas de 1s y suaviza los contornos de los objetos descartando píxeles en las zonas estrechas. Disminuye el contenido espacial. El cierre elimina regiones pequeñas de 0s y tiende a fusionar objetos cerrando las zonas incompletas entre ellos. Aumenta el contenido espacial.

La transformación acierta o falla (*hit-and-miss*) es una operación compuesta útil para emparejar configuraciones específicas de píxeles en una imagen, tales como píxeles aislados en primer plano o píxeles extremos de segmentos de líneas.

La transformación está dada por:

$$q(x,y) = (f \otimes w)(x,y) = (f \ominus w_1)(x,y) \cap (\neg f \ominus w_2)(x,y)$$
$$(140)$$

El elemento estructurante $w(x,y)$ se desdobla en dos: la parte "acierta" (*hit*), $w_1(x,y)$ y la parte "falla" (*miss*), $w_2(x,y)$; donde $w_2(x,y)$ es una versión de $w_1(x,y)$ rotada $180°$:

$$w_1(x,y) = \begin{bmatrix} 1 & 1 & 0 \\ 1 & 0 & 0 \\ 0 & 0 & 0 \end{bmatrix} \qquad w_2(x,y) = \begin{bmatrix} 0 & 0 & 0 \\ 0 & 0 & 1 \\ 0 & 1 & 1 \end{bmatrix} \qquad (141)$$

Figura 72: Ejemplo de apertura y cierre. De izquierda a derecha: imagen binarizada con $\alpha = 0{,}5$, apertura y cierre. El elemento estructurante utilizado está definido por la ecuación (136).

Figura 73: Ejemplo de acierta o falla (*hit-and-miss*). Izquierda: imagen binarizada con $\alpha = 0{,}5$. Derecha: imagen transformada. Máscaras definidas en (141).

La salida de esta operación es 1 cuando $w_1(x,y)$ empareja con los elementos correspondientes en $f(x,y)$ y $w_2(x,y)$ empareja con los elementos correspondientes en complemento lógico de $f(x,y)$; es decir, $\neg f(x,y)$.

Figura 74: Ejemplo de filtrado (*hit-and-miss*). Izquierda: imagen contaminada con SNR 5 dB, binarizada con $\alpha = 0.5$. Derecha: imagen filtrada por apertura y cierre.

El filtrado morfológico consta de diversas transformaciones compuestas. La Figura 74 muestra el resultado de aplicar una apertura seguida por un cierre a una imagen contaminada por ruido Gaussiano con una relación SNR de 5 dB, con el elemento estructurante definido en (136).

$$q(x,y) = ((f \circ w) \bullet w)(x,y) \tag{142}$$

Otras dos transformaciones compuestas duales son adelgazamiento (*thinning*) y engrosamiento (*thickening*). Ambos se definen en términos de la transformación compuesta "acierta–falla" (*hit–and–miss*). La operación de adelgazamiento está dada por:

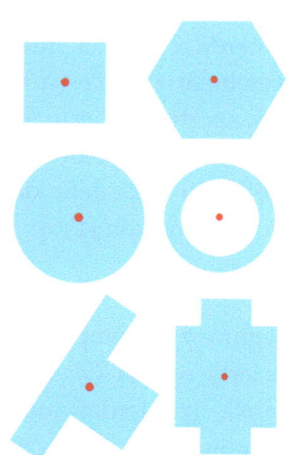

Figura 75: Ejemplos de elementos estructurantes: caja, hexágono, disco, anillo, otros; cualquier forma digitalmente representable con origen definido puede servir de elemento estructurante.

$$\begin{aligned} q(x,y) = (f \oslash w)(x,y) &= (f - (f \otimes w))(x,y) \tag{143} \\ &= (f \cap \neg(f \otimes w))(x,y) \end{aligned}$$

En la ecuación (143) w es un vector que rota, tal que la operación de adelgazamiento consiste en un conjunto de secuencias de elementos estructurantes, tal que:

$$\{w\} = \{w_1, w_2, \ldots, w_L\}, \tag{144}$$

donde w_l es una versión rotada de w_{l-1} y L es el número máximo de rotaciones (igual a $W * W - 1$, donde W es el orden del elemento estructurante).

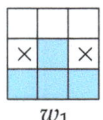 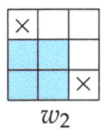 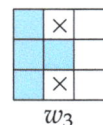 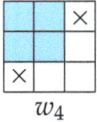 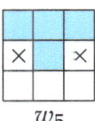 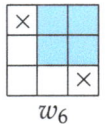 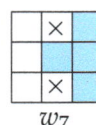 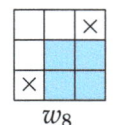

w_1 w_2 w_3 w_4 w_5 w_6 w_7 w_8

De esta manera el adelgazamiento está definido por una secuencia de elementos estructurantes,

$$f \oslash \{w\} = ((\ldots ((f \oslash w_1) \oslash w_2) \ldots) \oslash w_L), \qquad (145)$$

tal que $f_1 = f \oslash w_1$, $f_2 = f_1 \oslash w_2$, etc.

Figura 76: Secuencia de elementos estructurantes rotados utilizados por el adelgazamiento. Las casillas marcadas con × no influyen.

La operación de engrosamiento está dada por:

$$q(x,y) = (f \odot w)(x,y) = (f \cup (f \otimes w))(x,y) \qquad (146)$$

El engrosamiento, al igual que el adelgazamiento, está definido por una secuencia de elementos estructurantes,

$$f \odot \{w\} = ((\ldots ((f \odot w_1) \odot w_2) \ldots) \odot w_L), \qquad (147)$$

Figura 77: Ejemplo de adelgazamiento y engrosamiento. De izquierda a derecha: imagen binarizada con $\alpha = 0{,}5$, adelgazamiento y engrosamiento. El elemento estructurante utilizado está definido por la ecuación (148).

La Figura 77 muestra un ejemplo de adelgazamiento y engrosamiento empleando la máscara:

$$w(x,y) = \begin{bmatrix} 0 & 0 & 0 \\ 1 & 1 & 0 \\ 0 & 0 & 0 \end{bmatrix}. \tag{148}$$

La *esqueletonización* (*Skeletonization*) es una transformación que permite reducir al mínimo, el esqueleto, la forma de un objeto. Existen diversas maneras de conseguir el esqueleto de una imagen binaria. Una de ellas es el adelgazamiento progresivo utilizando un elemento estructurante que garantice la conectividad. Otra de ellas es utilizando la transformada de distancia: un algoritmo que aproxima la distancia Euclídea de cada punto en la imagen a una región mucho más rápido. La Figura 78 muestra un ejemplo de esqueletonización.

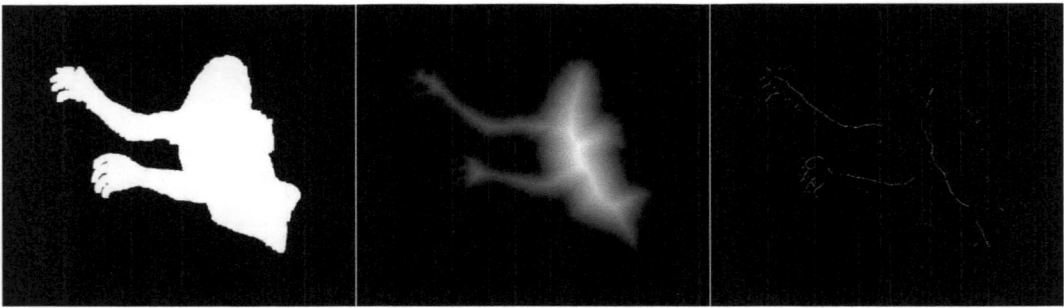

Figura 78: Ejemplo de esqueletonización. De izquierda a derecha: imagen binaria de referencia, representación de la matriz de distancias y esqueleto.

Es posible realizar transformaciones morfológicas en escala de grises pero, en lugar de realizar operaciones lógicas, se utilizan operadores de mínimo y máximo.

$$q(x,y) = \max_{u,v}\{f(x - u, y - v)\} = (f \oplus w)(x,y) \tag{149}$$

$$q(x,y) = \min_{u,v}\{f(x+u, y+v)\} = (f \ominus w)(x,y) \qquad (150)$$

Las transformaciones morfológicas son operaciones matemáticas de bajo nivel que permiten realizar el análisis de formas relativamente sofisticadas. Están basadas en la teoría de conjuntos y se compone de operaciones lógicas abstractas.

Un concepto muy importante de la morfología son las regiones binarias (*blobs*). Un *blob* es una región o grupo de píxeles de color similar conectados unos con otros; lo que, en una imagen binaria corresponde a un objeto o figura (región coherente). La Figura 79 muestra un blob al que se ha podido delimitar en una caja y calcular el centro y centroide.

La caja que encierra la imagen de la Figura 79 está definida por las coordenadas mínimas y máximas, en los dos ejes, de los píxeles cuyo valor es 1. El centro es simplemente la media $[(x_{min} + x_{max})/2, (y_{min} + y_{max})/2]$. El centroide se obtiene a partir de los momentos de primer orden de la imagen. El momento *p-q ésimo* está dado por la siguiente ecuación:

$$m_{pq} = \sum_{x,y} x^p y^q f(x,y). \qquad (151)$$

El momento es simplemente la suma de todos los píxeles de la imagen ponderado por la coordenada x elevada a la *p-ésima* potencia y la coordenada y elevada a la *q-ésima* potencia de cada posición en particular. En este caso particular (imágenes binarias) $f(x,y)$ sólo puede valer 0 ó 1. Si $p = q = 0$, el momento cero de la imagen m_{00} corresponde al número total de píxeles igual a 1.

Un concepto similar al de *blob*, quizá más amplio y menos extendido, es el concepto de *objeto*. Un objeto es un grupo de píxeles de propiedades espectrales y espaciales similares. La identificación de objetos permite procesar las imágenes no en el espacio del píxel, sino en el espacio del objeto. Los objetos, en lugar de los píxeles, pueden ser utilizados como primitivas para la clasificación de imágenes.

Observe que el momento *p-q ésimo* de primer orden se corresponde con la media definida por la ecuación (36), página 33, evaluado en cada dirección m_{10} y m_{01} y los momentos centrales *p-q ésimos* se corresponden con la varianza definida por la ecuación (37), página 33, evaluada en cada dirección.

Figura 79: Blob. centro (azul) y centroide (rojo) con elipse equivalente. Para mayor claridad se muestra la imagen invertida.

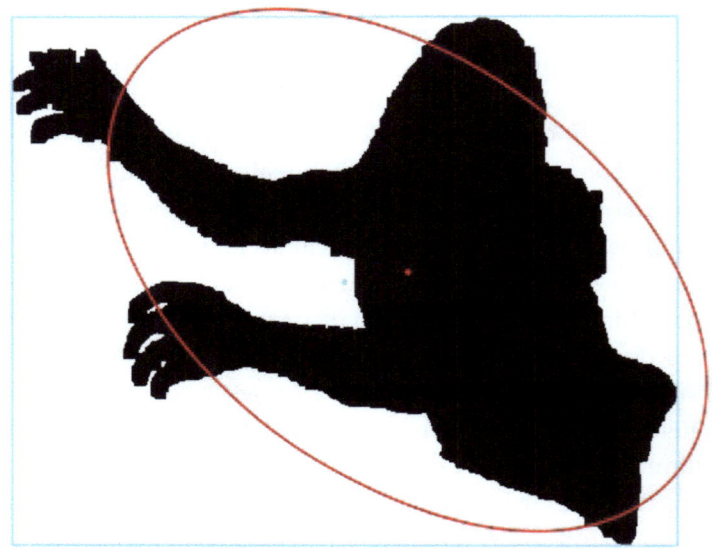

Los momentos de primer orden:

$$m_{10} = \sum_{x,y} xf(x,y), \quad m_{01} = \sum_{x,y} yf(x,y), \quad (152)$$

corresponden a promedios ponderados por el valor de los píxeles de las coordenadas x e y. Los centroides, obtenidos mediante:

$$x_c = \frac{m_{10}}{m_{00}}, \quad y_c = \frac{m_{01}}{m_{00}}, \quad (153)$$

corresponden al centro geométrico del *blob* u objeto.

Los objetos tienen diferentes atributos o propiedades tales como: *posición, tamaño, forma* y *orientación*. La posición está determinada por la caja y el centroide; es decir, momentos de primer orden. El tamaño está dado por el área: momento de orden cero.

La *elipse equivalente* está centrada en el centroide del objeto y tiene los mismos momentos de inercia sobre el centroide que una forma y es una herramienta útil para determinar la orientación de un objeto. La *matriz de inercia* de un *blob*, está definida por:

$$J = \begin{bmatrix} \mu_{20} & \mu_{11} \\ \mu_{11} & \mu_{02} \end{bmatrix}. \tag{154}$$

Los momentos centrales *pq-ésimos* están definidos por:

$$\mu_{pq} = \sum_{x,y}(x - x_c)^p(y - y_c)^q f(x,y). \tag{155}$$

La elipse equivalente tiene radios a y b,

$$a = 2\sqrt{\frac{\lambda_1}{m_{00}}} \quad b = 2\sqrt{\frac{\lambda_2}{m_{00}}}\ , \tag{156}$$

donde $\lambda_1 > \lambda_2$ son los autovalores (valores propios o singulares) de la matriz de inercia J. La orientación de la elipse está definida por:

$$\theta = \tan^{-1}\frac{v_y}{v_x}, \tag{157}$$

donde v es el autovector que corresponde al autovalor más grande. Los autovectores son vectores propios o singulares de la matriz de inercia J. El ratio $\frac{b}{a} < 1$ es otro descriptor de la forma y está relacionado con la relación de aspecto de la región o compactitud.

La Figura 80 muestra los blobs detectados en la imagen obtenida de un transformación de cierre con $\alpha = 0{,}5$ (Vea Figura 72, derecha; página 111).

Flujo de trabajo

Habitualmente, según el propósito de la transformación, la imagen sufre una serie de transformaciones en cascada; es decir, es necesario establecer cuál es el flujo correcto de estas transformaciones teniendo en cuenta, la información que se pierde en cada una de ellas. Por ejemplo, suponga que se desea aislar la figura humana del detalle del detalle de la Figura 19. Una posible secuencia de transformaciones estaría dada por:

1. Conversión a escala de grises.

$$f(x,y) = [R(x,y) + G(x,y) + B(x,y)]/3 \qquad (158)$$

2. Umbralización. Por ejemplo: $\alpha = 0,5$.

3. Eliminación de pequeñas regiones (*blobs*): puntos que salpican la zona exterior a la figura humana.

4. Relleno (*fill hole*) en base a operaciones morfológicas: una secuencia de dilataciones, complementos e intersecciones.

5. Inversión. La imagen obtenida puede ser considerada una máscara para extraer la figura deseada.

El canal alfa almacena la información de transparencia (mayor valor, mayor opacidad). Ninguna cámara o escáner mide la transparencia, aunque los objetos físicos la poseen, pero el canal alfa es extremadamente útil para la composición de imágenes digitales. La tecnología *croma*, por ejemplo, graba a los actores frente a un fondo con un color primario, que posteriormente se establece a transparente y se superpone a otro fondo.

6. Aplicación del producto lógico o función de intersección (AND) entre cada canal de la imagen color y la máscara.

7. La zona cuyo producto es 0 puede ser tratada con un valor de transparencia máximo mientras que la zona de interés puede ser tratada con una valor de transparencia mínimo (opacidad máxima).

En las imágenes en color las transformaciones se producen generalmente en cada uno de los canales RGB independientemente del resto.

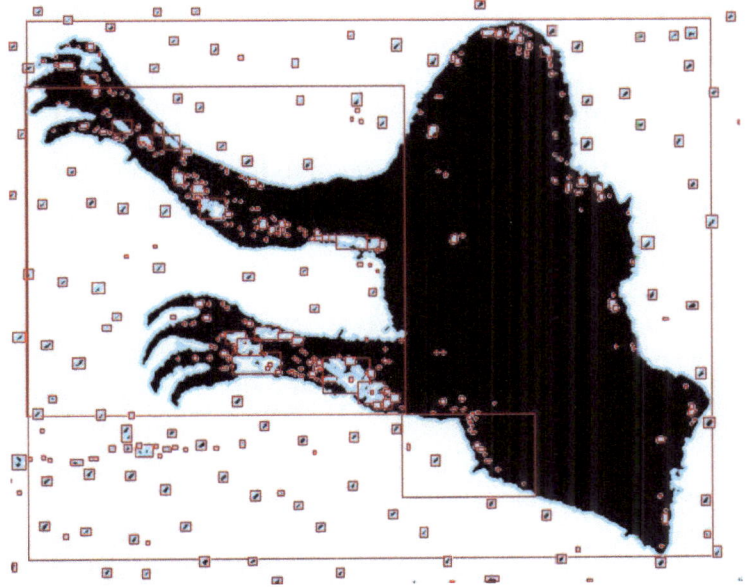

Figura 80: Blobs. Bordes (azul) y áreas (rojo).

Ejercicios

1. Escriba una función `vflip` que produzca una imagen en espejo vertical: $q(x,y) = f(-x,y)$.

2. Escriba una función `hflip` que produzca una imagen en espejo horizontal: $q(x,y) = f(x,-y)$.

3. Escriba una función `flip` que produzca una imagen en espejo horizontal: $q(x,y) = f(-x,-y)$.

4. Determine cuál es, aproximadamente, su *umbral de discriminación* de niveles de grises. Para ello tome la imagen `detalle_BW.png` de referencia. Postericela a sólo 64 niveles de grises. Compare la imagen posterizada con la imagen de referencia. Dibuje el histograma sobre ambas. Si no nota diferencia alguna disminuya el número de niveles de grises. Si nota diferencia apreciable aumente el número de niveles de grises. Repita el proceso hasta que disminuyendo o aumentado el número de niveles de grises observe una diferencia entre ambas.

5. Escriba una función `BWinvCont` que invierta el contraste de la imagen. Para ello calcule el histograma y aplique el histograma en espejo (invertido; la zona alta ahora corresponde a la zona baja del histograma y viceversa).

6. Escriba una función `BWHistoGauss` que modifique el histograma según una función Gaussiana. Para ello escriba primero una función que genere una campana Gaussiana según:

$$g(Y) = \frac{1}{\sigma\sqrt{2\pi}}e^{-\frac{1}{2}\left(\frac{Y-\mu}{\sigma}\right)^2},$$

con parámetros de entrada μ y σ. Observe que Y varía en el rango $[0, 2^b - 1]$. Si $b = 8$, $Y \in [0, 255]$. Escale el histograma entre 0 y 1, multiple el histograma de la imagen por la función Gassiana y aplique el nuevo histograma.

7. Escriba una función que aplique el histograma de una imagen a otra.

8. Implemente las siguientes funciones para aplicar píxel a píxel.

   a) valor absoluto: abs, $|f(x,y)|$.

   b) logarítmo: log, $\log_{10}(f(x,y))$.

   c) cuadrado: $f^2(x,y)$.

   d) raíz cuadrada: sqrt, $\sqrt{(f(x,y))}$.

   Suponga que el rango dinámico es $[0,1]$.

9. Aplique un filtro espacial impulso unidad de dimensión 3×3 a una imagen. Compruebe que la salida del filtro es la misma que la entrada.

   El filtro espacial está definido por:

0	0	0
0	1	0
0	0	0

10. Qué transformación produce el filtro espacial definido por:

0	0	0
1	0	0
0	0	0

11. Se desea mejorar (*sharpening*) el aspecto de una imagen. Aplique las transformaciones necesarias para satisfacer:

$$q(x,y) = f(x,y) + \alpha[f(x,y) - (f * w)(x,y)],$$

donde $w(x,y)$ es un filtro Gaussiano de orden 5×5 y $\sigma = 1,5$. Observe que el impulso escalado menos la Gaussiana es aproximadamente igual a la Laplaciana de la Gaussiana.

12. Implemente una función `contrastStretching` tal que:

$$
Y = \begin{cases}
\left\lfloor \frac{Y_{max} - Y_{min} - 2}{\text{máx}(Y) - \text{mín}(Y)} (Y - Y_{min}) \right\rfloor + 1, & \text{mín}(Y) \geq Y \leq \text{máx}(Y) \\
Y_{min} & Y < \text{mín}(Y) \\
Y_{max} & Y > \text{máx}(Y)
\end{cases}
$$

Y es el valor de brillo del píxel, $\text{máx}(Y) - \text{mín}(Y)$ es el contraste inicial e $Y_{max} - Y_{min}$ es el contraste final.

13. Implemente una función `nearestNeighbor` que interpole por el método del "vecino más cercano".

14. La medida de distancia Euclídea $d(x,y) = \sqrt{(x-u)^2 + (y-v)^2}$ desde el centro $d(2,2)$ de una matriz de 5×5 a todos sus vecinos es:

$$
\begin{bmatrix}
\sqrt{8} & \sqrt{5} & 2 & \sqrt{5} & \sqrt{8} \\
\sqrt{5} & \sqrt{2} & 1 & \sqrt{2} & \sqrt{5} \\
2 & 1 & 0 & 1 & 2 \\
\sqrt{5} & \sqrt{2} & 1 & \sqrt{2} & \sqrt{5} \\
\sqrt{8} & \sqrt{5} & 2 & \sqrt{5} & \sqrt{8}
\end{bmatrix}
\tag{159}
$$

¿Cómo sería la matriz de distancia del mismo punto $d(2,2)$ empleando la distancia Manhattan y tomando en cuenta sólo los vecinos de orden 4: $d(x,y) = |x-u| + |y-v|$.

¿Cómo sería la matriz de distancia del mismo punto $d(2,2)$ empleando la distancia Tablero de ajedrez tomando en cuenta los vecinos de orden 8: $d(x,y) = \text{máx}(x-u, y-v)$.

15. Escriba una función `blend` que mezcle dos imágenes según $g(x,y) = \alpha f_1(x,y) + (1-\alpha) f_2(x,y)$, donde α determina la cantidad de mezcla de cada imagen. Observe que, para $\alpha = 0$, $q(x,y) = f_2(x,y)$; para $\alpha = 1$, $q(x,y) = f_1(x,y)$.

16. El gradiente externo es la diferencia aritmética entre la imagen dilatada y la imagen original. Escriba una función extGradient que implemente esta transformación.

17. Escriba un programa que genere *blobs* a partir de ruido de tipo *sal y pimienta*.

18. El gradiente interno es la diferencia aritmética entre la imagen original y la imagen erosionada, $((f \oplus w) - (f \ominus w))(x,y)$. Escriba una función intGradient que implemente esta transformación.

19. El gradiente morfológico es la diferencia aritmética entre la imagen dilatada y la imagen erosionada. Escriba una función morphGradient que implemente esta transformación.

20. Escriba una función que realice la siguiente transformación: $((f \oplus w) - f)(x,y)$.

21. Escriba una función que realice la siguiente transformación: $(f - (f \ominus w))(x,y)$ de extracción de bordes.

22. Genere dos máscaras $w_1(x,y)$, $w_2(x,y)$, tal que la primera sea un círculo y la segunda una línea vertical. Aplique las siguientes transformaciones combinadas de apertura y substracción:

   a) $(f \circ w_1)(x,y)$,

   b) $(f - (f \circ w_1))(x,y)$,

   c) $((f \circ w_1) \circ w_2)(x,y)$,

   d) $(((f \circ w_1) \circ w_2) - (f \circ w_1))(x,y)$,

   e) $((f - (f \circ w_1)) \circ w_2)(x,y)$,

   f) $((f - (f \circ w_1)) - ((f - (f \circ w_1)) \circ w_2))(x,y)$.

Color

El *color* es la propiedad cromática asociada a una longitud de onda de la radiación luminosa. El tratamiento de imágenes digitales en color suele ser más costoso en términos de memoria y tiempo de procesamiento. Existen diferentes *modelos de color* más o menos adecuados según cada aplicación. El más conocido, el RGB, se basa en la descomposición de una imagen en las intensidades de tres componentes básicas: rojo, verde y azul. Este modelo de mezcla es aditivo y funciona más o menos parecido a cómo lo hace el sistema visual humano[18]. En este caso la imagen consta de tres matrices, cada una correspondiente a la intensidad de cada color primario, cuya mezcla produce la sensación de color.

Cada componente o canal tiene una profundidad de color o resolución radiométrica b, que determina cuántos bits de datos representan la luminancia por canal $Y_c, c = 0, 1, 2$ y $L = 2^b$ es el número de niveles de cuantificación. Por ejemplo, para $b = 8$ bits, existen $L = 2^8 = 256$ valores discretos $[0, 255]$ de Y. Sin embargo, para el tratamiento de imagen es preferible escalar este rango dinámico a otro prácticamente ilimitado (tipo `double`, por ejemplo), $[0, 1]$.

La Figura 81 muestra el cubo de color del modelo RGB. Este modelo es muy simple y eficaz aunque no puede explicar qué color RGB de un píxel corresponde a qué color del mundo real o el sentido físico de los colores primarios R, G y B.

La *colorimetría* es la disciplina que se encarga de caracterizar numéricamente un color. [...] La colorimetría tradicional se basa en la caracterización de un estímulo luminoso mediante una serie de vectores dispuestos en un espacio de representación del color. [Uzal, 2013, p. 21]

[18] En la retina hay dos tipos de sensores que, de acuerdo a su aspecto físico, se denominan *conos* y *bastones*. Estos transductores convierten, a través de un proceso fotoquímico, la radiación luminosa en señales neuronales con las que el cerebro construye lo que entendemos por imagen. Cuando la iluminación no es excesivamente baja, los conos reaccionan a la radiación luminosa en dependencia de su pigmentación. Existen sólo tres tipos de pigmentación (*eritrolabe, lorolabe* y *cianolabe*), con sensibilidad a la radiación roja, verde y azul.

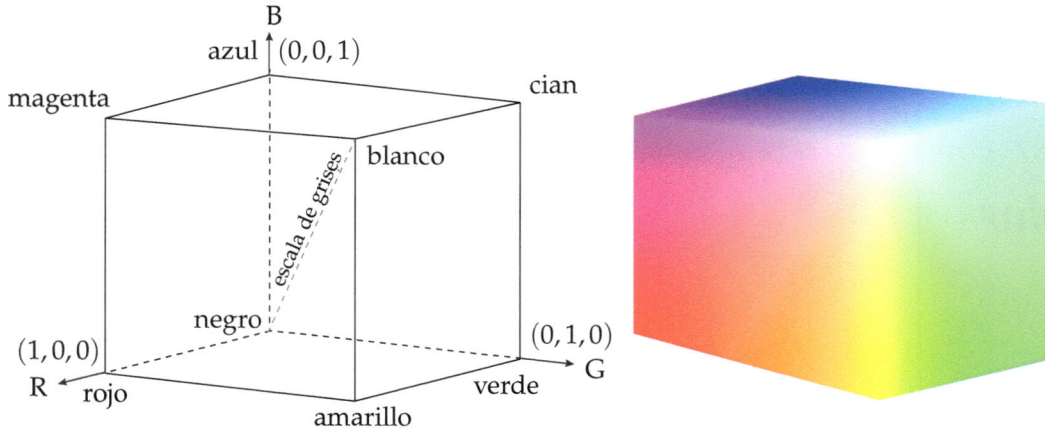

Figura 81: Modelo de color RGB.

[19] Se suele hablar de "espacios" por la tridimensionalidad de los modelos de color.

Figura 82: RGB.

La Figura 19, página 34 muestra la descomposición del detalle utilizado como referencia según el modelo RGB.

Un píxel en una imagen de *color verdadero* (*true color*) puede representar cualquier color en el espacio RGB[19].

Los archivos que almacenan imágenes de color verdadero suelen ser grandes y pesados. Un enfoque alterativo es que el valor de cada píxel contenga un índice a una tabla RGB; en este caso se habla de *color indexado*. En este caso el píxel sólo puede tener, a diferencia del color verdadero, un conjunto finito de colores.

El modelo de color cian–magenta–amarillo (CMY, Cyan–Magenta–Yellow) ó cian–magenta–amarillo–negro (CMYK, Cyan–Magenta–Yellow–Black) es un modelo de mezcla substractiva del color muy importante para la mayoría de los dispositivos de impresión. Si se asume que los valores de color están normalizados entre 0 y 1,

$$\begin{bmatrix} C \\ M \\ Y \end{bmatrix} = \begin{bmatrix} 1 \\ 1 \\ 1 \end{bmatrix} - \begin{bmatrix} R \\ G \\ B \end{bmatrix}. \tag{160}$$

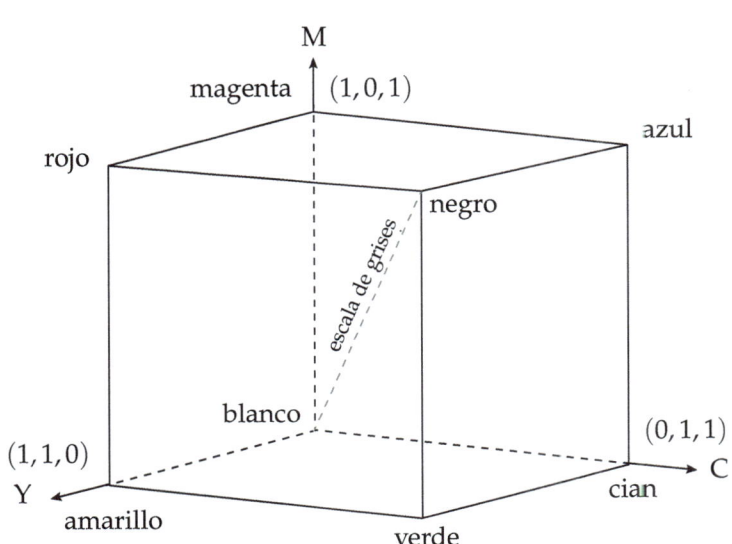

Figura 83: CMY.

Figura 84: Modelo de color CMY.

A la variación graduada del tono, la saturación, o la luminosidad de un color se le llama *escala*, y esta puede ser *cromática* o *acromática*[20]. El modelo tono–saturación–brillo (HSB, Hue–Saturation–Brightness)[21] desacopla la intensidad (parte acromática) de la información de color (parte cromática), lo que facilita la realización de muchos algoritmos de tratamiento digital de la imagen. En la *escala cromática* los valores del tono se obtienen mezclando los colores puros con blanco o con negro, por lo que pueden perder fuerza cromática o luminosidad. Es decir, cambia su tono, su saturación y su brillo. La *escala acromática* es siempre una escala de grises, una modulación continua del blanco al negro.

[20] Por raro que parezca, existen colores sin color. El blanco, el negro y el gris son colores acromáticos, colores sin color.

[21] Los términos *valor*, *intensidad* y *brillo* se usan indistintamente para referirse a lo mismo. HSV, HSI y HSB son tres referencias a modelos muy similares.

Figura 85: Modelo de color HSB.

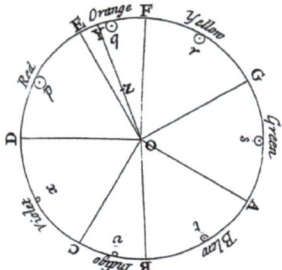

Figura 86: Círculo de color de Newton.

Figura 87: Las escala monocromas pueden formarse por: **arr**. saturación (al blanco se le añade un color hasta conseguir determinada saturación), **cnt**. luminosidad (al color saturado se le añade negro), **abj**. valor (al tono saturado se le añade gris).

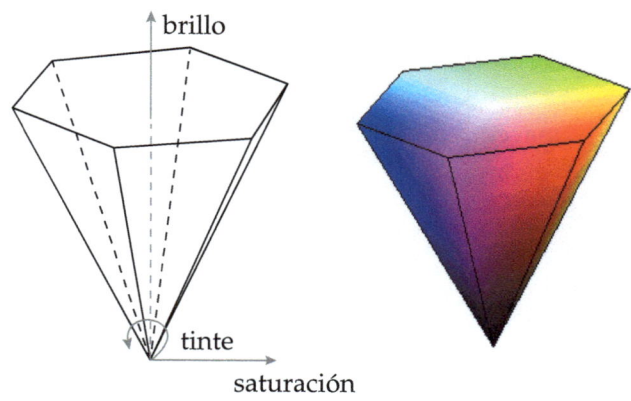

El círculo de color es un recurso artificial propuesto por Isaac Newton que, de manera habitual, se suele descomponer en un conjunto de siete colores distribuidos uniformemente pese a su carácter no uniforme. La originalidad del círculo es la conexión de los dos extremos de la luz visible como si fuese un continuo, o una octava musical. El *tinte* (*Hue*), tono o matiz, identifica el color en un ángulo de 0° (rojo) a 360° (magenta) del círculo de color de Newton.

El *brillo*, la *intensidad*, es un atributo de la sensación visual relacionada con mayor o menor emisión de luz, una medida de la luminosidad-oscuridad. La *luminosidad*, *l*, es el brillo relativo a un valor similar blanco. El *croma* es al *colorido* lo que la *luminosidad* es al brillo.

La *saturación* es la pureza del color; es decir, el *colorido* juzgado en proporción a su *brillo*. La *saturación* hace que los colores sean más vivos (menos color negro o blanco añadido). La *desaturación* hace que los colores sean más apagados (más color negro o blanco añadido). La *saturación* (*Saturation*) o *coloración*, indica la cantidad de blanco mezclado con el color o pureza del color. Cuanto más blanco menos saturación. Es un valor que se suele cuantificar en porcentaje $[0, 100]$ %. HSB es un modelo de color basado en la percepción.

Los componentes se obtienen de:

$$
H = \begin{cases} \theta, & B \leq G \\ 360 - \theta, & B > G \end{cases} , \quad \theta = \cos^{-1}\left(\frac{0{,}5(R-G) + 0{,}5(R-B)}{\sqrt{(R-G)^2 + (R-B)(G-B)}} \right)
$$

$$
S = 1 - \frac{3\,\mathrm{mín}(R,G,B)}{R+G+B}
$$

$$
I = \frac{R+G+B}{3}
$$

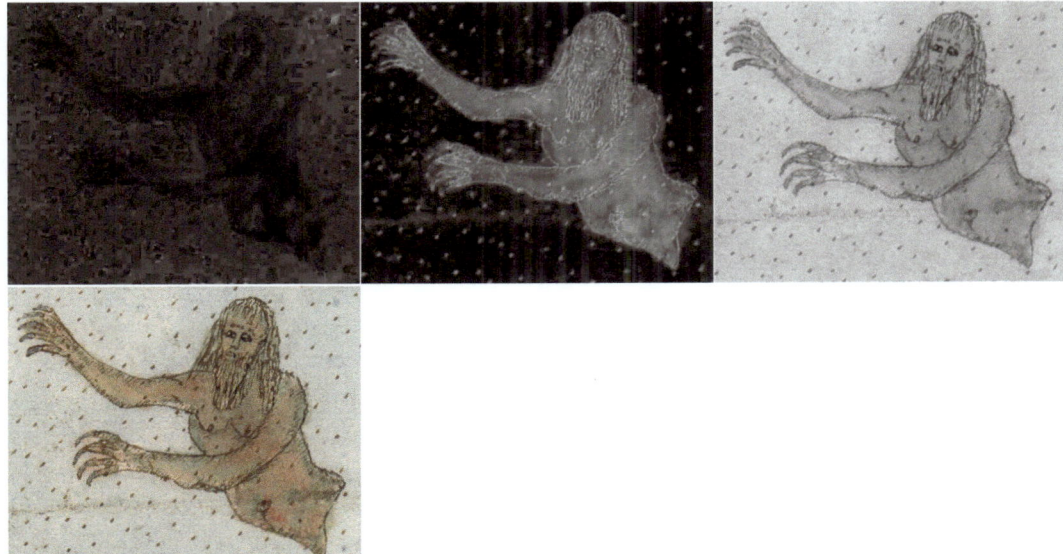

Los colores primarios están separados 120^c. El tinte H es el ángulo medido en sentido contrario a las manecillas del reloj. La saturación S es la longitud de la línea entre el centro de la figura y el píxel (distancia radial). Si el color es acromático $S = 0$. Si el color es puro $S = 1$. Este valor es independiente del número de colores que contribuyan en la percepción del color [Sundararajan, 2017, pp. 415416]. La intensidad I o brillo varía $[0,1]$.

Figura 88: Detalle del detalle de la imagen correspondiente a la Figura 14. De izquierda a derecha, descomposición de los canales tinte, saturación y brillo. Abajo: detalle RGB.

Es importante destacar que es posible obtener la misma percepción de color con una mezcla de más de tres componentes.

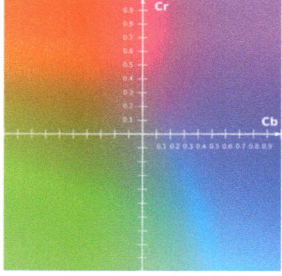

Figura 89: Plano CbCr para luma constante, $Y = 0{,}5$.

Luma es la suma ponderada de los valores RGB y es comparable a la luminosidad pero la luminosidad es un concepto lineal mientras que la luma está corregida en gamma por lo que es no lineal. En muchos libros de texto se habla de luminancia–crominancia al referirse al modelo YC_BC_R pero esta relación es errónea. La luminancia es la radiancia (direccion de flujo luminoso en una dirección particular) y está íntimamente relacionada con la sensación de brillo. La luminosidad es la aproximación estándar de la respuesta perceptual a la luminancia.

La conversión de HSB a RGB depende del sector donde se encuentre H.

Si $0° \leq H < 120°$ (sector RG):

$$
\begin{aligned}
R &= I\left(1 + \frac{S\cos(H)}{\cos(60° - H)}\right) \\
B &= I(1 - S) \\
G &= 3I - (R + B)
\end{aligned}
$$

Si $120° \leq H < 240°$ (sector GB):

$$
\begin{aligned}
H &= H - 120° \\
R &= I(1 - S) \\
G &= I\left(1 + \frac{S\cos(H)}{\cos(60° - H)}\right) \\
B &= 3I - (R + G)
\end{aligned}
$$

Si $240° \leq H < 360°$ (sector GB):

$$
\begin{aligned}
H &= H - 240° \\
G &= I(1 - S) \\
B &= I\left(1 + \frac{S\cos(H)}{\cos(60° - H)}\right) \\
R &= 3I - (B + G)
\end{aligned}
$$

Otro modelo muy útil para el tratamiento digital de la imagen y muy utilizado en fotografía y vídeo digital es el YC_BC_R. Este modelo no es un espacio de color, sino un esquema de codificación basado en la teoría de color luma–croma.

Y representa la respuesta perceptual a la (*luma*) o intensidad mientras que Cb y Cr representan la *crominancia* (*croma*). Cb es la diferencia entre el componente azul y un valor de referencia mientras que Cr es la diferencia entre el componente rojo y un valor de referencia. La luminancia se define como el valor promedio entre los tres componentes RGB.

Figura 90: Detalle del detalle de la imagen correspondiente a la Figura 14. De izquierda a derecha, descomposición de los canales: luminancia Y, crominancia Cb y Cr. Abajo: detalle RGB.

$$\begin{bmatrix} Y \\ Cb \\ Cr \end{bmatrix} = \begin{bmatrix} 16 \\ 128 \\ 128 \end{bmatrix} + \begin{bmatrix} 65{,}481 & 128{,}553 & 24{,}966 \\ -37{,}797 & -74{,}203 & 112{,}000 \\ 112{,}000 & -93{,}786 & -18{,}214 \end{bmatrix} \begin{bmatrix} R \\ G \\ B \end{bmatrix}$$
(161)

En (161) los valores de entrada RGB varían en $[0, 1]$. La salida Y varía $[16, 235]$ mientras que Cb y Cr, $[16, 240]$. Para escalar la salida YC_BC_R es necesario dividir por 255.

$$\begin{bmatrix} R \\ G \\ B \end{bmatrix} = \begin{bmatrix} 0{,}0046 & 0{,}0000 & 0{,}00636 \\ 0{,}0046 & -0{,}0015 & -0{,}0032 \\ 0{,}0046 & 0{,}0079 & 0{,}000 \end{bmatrix} \left(\begin{bmatrix} Y \\ Cb \\ Cr \end{bmatrix} - \begin{bmatrix} 16 \\ 128 \\ 128 \end{bmatrix} \right)$$
(162)

La mayor parte de la energía está concentrada en el componente Y. La idea de este modelo es separar luma y croma para diferencia el tratamiento digital de la imagen porque, perceptualmente, es posible sacrificar la información de croma sin una pérdida perceptual sensible.

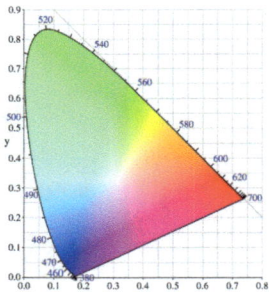

Figura 91: Diagrama de cromaticidad del espacio de color CIE 1931. La frontera curvada externa es el nicho espectral (o monocromático), con las longitudes de onda mostradas en nanómetros. x e y, aquí, corresponden a coordenadas de cromaticidad en un espacio de color XYZ CIE. Y es la luminancia y X, Z color percibido. $x = \frac{X}{X+Y+Z}$ e $y = \frac{Y}{X+Y+Z}$.

Un *espacio de color* es la representación matemática, habitualmente en tres dimensiones, de un conjunto de colores originados a partir de los componentes de un modelo de color. Un *modelo de color* es un modelo matemático abstracto que describe la forma en que los colores pueden ser representados mediante listas de valores o tuplas [Uzal, 2013, p. 24].

Toda imagen está construida sobre un modelo de color. Los modelos de color RGB y CMY son dependientes del dispositivo. La Figura 91 muestra el diagrama de cromaticidad del espacio de color CIE 1931. El diagrama de cromaticidad es una herramienta para especificar cómo el ojo humano experimenta la luz recibida de un determinado espectro. No puede especificar colores de objetos (o de tintas de impresión), debido a que el aspecto de un objeto depende además de la fuente de luz. Este modelo de color es independiente del dispositivo.

El *gamut*, o gama, es la porción del espacio de color que puede ser reproducido por un dispositivo; corresponde a determinada área en el diagrama de cromaticidad CIE.

Transformaciones del color

El tratamiento digital de la imagen en color puede ser organizado en: *transformaciones de color* (también llamadas *mapeo de color* (*color mapping*), *transformaciones espaciales* y *transformaciones vectoriales de color* (donde el color es tratado como un vector). La pseudocoloracion (*pseudocoloring*) es una transformación de color que facilita la interpretación visual de determinados aspectos de la imagen; consiste en posterizar la imagen (Vea Sección , página 65) y asignar un color de una tabla a cada rango de la escala de grises. La posterización de la imagen se realiza sobre la escala de grises, dimensión brillo o sobre algún canal de color particular (en dependencia de la estrategia de posterización más apropiada a un problema particular). Primero es necesario calcular el histograma de la imagen y, posteriormente, se asigna un color a cada rango de la escala de grises. Este conjunto finito de colores se denomina *mapa de color*. Cada valor de rango posible sirve de índice al mapa de color.

Figura 92: Pseudocolor o *falso color*. La imagen es coloreada según la correspondencia entre nivel de grises ($\alpha = 4$) y un mapa de colores.

En las imágenes en color todas las transformaciones se aplican independientemente en cada canal de color. Por ejemplo, la Figura 93 muestra la transformación complemento a 1 o inversión, definida por la ecuación (64), página 65, aplicada en cada canal.

Figura 93: Imagen RGB y su complemento a 1 o inversa.

La Figura 94 muestra la mejora de contraste mediante la ecualización del histograma en cada uno de los componentes RGB y sólo en el componente brillo del modelo de color HSB. La imagen puede ser mejorada aumentando el componente de saturación ligeramente.

Figura 94: Ecualización del histograma. De izquierda a derecha: imagen de referencia, ecualización RGB y ecualización sólo del canal brillo en el modelo de color HSB.

La Figura 95 muestra un ejemplo de filtrado espacial paso–bajo con la máscara de 7×7:

$$\frac{1}{49}\begin{bmatrix} 1 & 1 & 1 & 1 & 1 & 1 & 1 \\ 1 & 1 & 1 & 1 & 1 & 1 & 1 \\ 1 & 1 & 1 & 1 & 1 & 1 & 1 \\ 1 & 1 & 1 & 1 & 1 & 1 & 1 \\ 1 & 1 & 1 & 1 & 1 & 1 & 1 \\ 1 & 1 & 1 & 1 & 1 & 1 & 1 \\ 1 & 1 & 1 & 1 & 1 & 1 & 1 \end{bmatrix} \quad (163)$$

El filtro en la imagen del centro es aplicado a cada uno de los componentes RGB y la imagen se reconstruye con los componentes filtrados. El filtro en la imagen de la derecha es aplicado al componente de brillo HSB y la imagen se reconstruye con el componente de intensidad filtrado y los componentes de tinte y saturación sin alteración.

Figura 95: Filtrado espacial paso–bajo. De izquierda a derecha: imagen de referencia, filtrado espacial RGB y filtrado espacial; sólo del canal brillo en el modelo de color HSB.

Para detectar flancos en imágenes en color es necesario estimar el gradiente en cada uno de los componentes RGB.

$$\nabla_x(x,y) = \begin{bmatrix} \frac{\partial R(x,y)}{\partial x} \\ \frac{\partial G(x,y)}{\partial x} \\ \frac{\partial B(x,y)}{\partial x} \end{bmatrix} \quad \nabla_y(x,y) = \begin{bmatrix} \frac{\partial R(x,y)}{\partial y} \\ \frac{\partial G(x,y)}{\partial y} \\ \frac{\partial B(x,y)}{\partial y} \end{bmatrix} \quad (164)$$

Figura 96: Detección de bordes aplicando un filtro de Sobel a una imagen RGB. De izquierda a derecha: gradiente $\nabla_x(x,y)$, $\nabla_y(x,y)$ y magnitud del gradiente $\|\nabla f(x,y)\|$.

Las derivadas parciales en la Figura 96 se han estimado filtrando la imagen con operadores de gradiente de Sobel definidos en la ecuación (99), página 84.

$$g_{xx}(x,y) = \left|\frac{\partial R(x,y)}{\partial x}\right|^2 + \left|\frac{\partial G(x,y)}{\partial x}\right|^2 + \left|\frac{\partial B(x,y)}{\partial x}\right|^2 \quad (16$$

$$g_{yy}(x,y) = \left|\frac{\partial R(x,y)}{\partial y}\right|^2 + \left|\frac{\partial G(x,y)}{\partial y}\right|^2 + \left|\frac{\partial B(x,y)}{\partial y}\right|^2$$

$$g_{xy}(x,y) = \frac{\partial R(x,y)}{\partial x}\frac{\partial R(x,y)}{\partial y} + \frac{\partial G(x,y)}{\partial x}\frac{\partial G(x,y)}{\partial y} + \frac{\partial B(x,y)}{\partial x}\frac{\partial B(x,y)}{\partial y}$$

Figura 97: Segmentación respecto al valor RGB $[150, 110, 80]$ con umbral $\alpha = 0{,}2$. De izquierda a derecha: imagen de referencia, máscara de segmentación, imagen segmentada.

El ángulo del gradiente está dado por:

$$\theta(x,y) = 0{,}5\tan^{-1}\left(\frac{2g_{xy}(x,y)}{g_{xx}(x,y) - g_{yy}(x,y)}\right) \quad (166)$$

Finalmente la magnitud del gradiente (el valor de la velocidad de cambio) está dado por:

$$\|\nabla f(x,y)\| = \sqrt{0{,}5\{(g_{xx}+g_{yy})(x,y) + (g_{xx}-g_{yy})(x,y)\cos 2\theta(x,y) + 2g_{xy}(x,y)\sin 2\theta(x,y)\}}$$
$$(167)$$

La segmentación permite extraer regiones cercanas a un color a través de una medida de distancia Euclídea:

$$d(x,y) = \sqrt{|R(x,y) - ar|^2 + |G(x,y) - ag|^2 + |B(x,y) - ab|^2}.$$
(168)

Los píxeles con distancias por encima del umbral no pertenecen al segmento y toman el valor 0.

La segmentación separa figuras (objetos) del fondo. Las figuras consisten de regiones con cierta proximidad de color que le diferencia del fondo. Un algoritmo que agrupa a los píxeles en regiones "similares" es el *K-Means*. Aplicado a una imagen, el algoritmo *K-Means* intenta agrupar los píxeles en un número determinado K de regiones o grupos (*clusters*) basado, por ejemplo, en el espacio de color RGB, como el que muestra la Figura 98.

La Figura 99 muestra un ejemplo de aplicación del algoritmo *K-means* para segmentar la imagen en $K = 3$ regiones. El algoritmo comienza con unos centros de color iniciales: $[150, 110, 80]$, $[190, 190, 190]$ y $[75, 65, 45]$, proveídos manualmente (es habitual que la inicialización de los K centros sea aleatoria o heurística. A continuación cada píxel es asignado al centro "más cercano", basado en alguna medida de distancia; Euclídea, en este caso, como la ecuación (168). A continuación se recalculan los centros promediando cada uno de los píxeles, asignados a cada centro. Se repite el algoritmo iterativamente hasta conseguir determinada convergencia. En este ejemplo se utiliza como referencia el cuando el error promedio de los centros está por debajo de un umbral de 0,07. La convergencia garantiza la minimización de la varianza de las regiones. El estado final de los centros puede variar de manera tal que no se garantice una solución óptima.

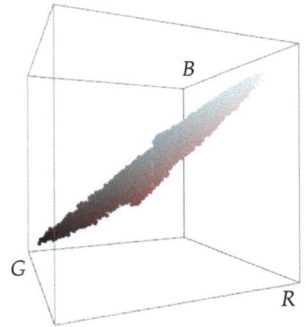

Figura 98: Descomposición de la imagen de referencia en el modelo de color RGB. Los píxeles se representan con el color que le corresponden en un cubo de coordenadas rojo, verde y azul.

Es posible resumir los pasos a:

1. Definir número de regiones K.

2. Generar K centros en el espacio (manualmente, aleatoriamente o heurísticamente).

3. Asigna cada píxel al centro de la región más cercana.

4. Calcular nuevos centros basado en el contenido de las regiones formadas.

5. Repetir pasos 3 y 4 hasta que las regiones no cambien lo suficiente.

Figura 99: Imagen posterizada según el algoritmo *K-means*. En la parte superior derecha se muestran los centros de color iniciales: $[150, 110, 80]$, $[190, 190, 190]$ y $[75, 65, 45]$ (izquierda) y los centros del mapa de color utilizado: $[255, 255, 0]$, $[0, 255, 255]$ y $[255, 0, 255]$. $K = 3$.

Figura 100: Imagen posterizada como en la Figura 99 y coloreada con los mismos centros de color iniciales: $[150, 110, 80]$, $[190, 190, 190]$ y $[75, 65, 45]$.

Es posible segmentar, utilizando *K-means* mediante la diferencia de intensidad. Observe las diferencias de la segmentación mediante *K-means* y la posterización basada en la intensidad de la Figura 92, página 133.

Ejercicios

1. Escriba una función `RGBEQHist` que ecualice el histograma de una imagen RGB. Ecualice cada canal independientemente del resto.

2. Escriba una función que genere un mapa de colores basado en el espacio de colores HSB que preserve toda la información de la imagen en escala de grises. Puede probar diferentes estrategias. Por ejemplo $H = B$, $H = 1 - B$, $H = 1 - \frac{(\text{máx}\{B\} - \text{mín}\{B\})}{(\text{máx}\{B_d\} - \text{mín}\{B_d\})}(B - \text{mín}\{B_d\}) + \text{mín}\{B\}$ (donde $[\text{mín}\{B_d\}, \text{máx}\{B_d\}]$ es el contraste deseado; B_d es el brillo o la intensidad deseada y $[\text{mín}\{B\}, \text{máx}\{B\}]$ es el contraste de partida). La saturación S puede ser 0 ó 1 en dependencia de si supera o no determinado umbral.

3. Escriba una función `colorFilter` que genere una imagen sólo de determinados rangos de color; es decir, filtrando por color. Suponga por ejemplo que del rojo se obtenga el rango dinámico completo $[0, 1]$ mientras que del verde y el rojo sólo se tomen aquellos píxeles con rango $[0, 0,1]$.

4. Escriba una función genérica `colorSpaceFilter` que genere una imagen sólo de determinados rangos de cada coordenada de entrada en el rango $[0, 1]$. La función recibe tres imágenes (una por cada coordenada en el espacio de color) y los rangos en cada coordenada en forma de pares (mínimo y máximo) y devuelve tres imágenes (en los rangos deseados).

5. Escriba una función `color2gray` que convierta una imagen RGB a una imagen en escala de grises; tal que la intensidad Y esté definida por:

$Y = 0,299R + 0,587G + 0,114B.$

Asuma que todos los valores varían en el rango $[0, 1]$.

6. Escriba una función `newColorValues` que obtenga a partir de la imagen RGB y la imagen en escala de grises nuevos valores de colores U y V, tal que:

$U = 0{,}492(B - Y)$,

$V = 0{,}877(R - Y)$.

Asuma que todos los valores varían en el rango $[0, 1]$. Este espacio de color se denomina YUV. Este sistema codifica el color teniendo en cuenta la percepción humana.

7. Represente los canales YUV de la imagen `detalle.png`.

8. Escriba una función `YUVEQHist` que ecualice el histograma de una imagen YUV. Ecualice sólo el canal Y. Escribe el código necesario para convertir la imagen a RGB y visualizarla.

9. Implemente una función `pansharpening` que realice un *refinado pancromático (pansharpening)*. Esta técnica mejora la resolución y aumentar la nitidez de las imágenes satelitales utilizando como referencia una banda pancromática de alta resolución. Si RGB denota la imagen multi–espectral de alta resolución–espacial:

$$
\begin{bmatrix} I \\ v_1 \\ v_2 \end{bmatrix} = \begin{bmatrix} \frac{1}{3} & \frac{1}{3} & \frac{1}{3} \\ -\frac{\sqrt{2}}{6} & -\frac{\sqrt{2}}{6} & \frac{2\sqrt{2}}{6} \\ \frac{1}{\sqrt{2}} & -\frac{1}{\sqrt{2}} & 0 \end{bmatrix} \begin{bmatrix} R \\ G \\ B \end{bmatrix} \tag{169}
$$

La imagen refinada pancromáticamente es:

$$
\begin{bmatrix} r \\ g \\ b \end{bmatrix} = \begin{bmatrix} 1 & -\frac{1}{\sqrt{2}} & -\frac{1}{\sqrt{2}} \\ 1 & -\frac{1}{\sqrt{2}} & -\frac{1}{\sqrt{2}} \\ 1 & \sqrt{2} & 0 \end{bmatrix} \begin{bmatrix} P \\ v_1 \\ v_2 \end{bmatrix} \tag{170}
$$

donde P es la imagen pancromática con el histograma ecualizado. El proceso entero se puede realizar combinando (169) y (170) en una sola ecuación:

$$
\begin{bmatrix} r \\ g \\ b \end{bmatrix} = \begin{bmatrix} 1 & -\frac{1}{\sqrt{2}} & -\frac{1}{\sqrt{2}} \\ 1 & -\frac{1}{\sqrt{2}} & -\frac{1}{\sqrt{2}} \\ 1 & \sqrt{2} & 0 \end{bmatrix} \begin{bmatrix} I+\delta \\ v_1 \\ v_2 \end{bmatrix} = \begin{bmatrix} R+\delta \\ G+\delta \\ B+\delta \end{bmatrix}
$$

$$(171)$$

donde $\delta = P - I$. La banda pancromática está formada por una sola banda con la máxima resolución espacial.

10. Escriba una función `BWPosKMeans` que segmente una imagen en escala de grises en regiones, mediante el algoritmo *K-means*, basada en el brillo.

Bibliografía

Bogusław Cyganek and J. Paul Siebert. *An introduction to 3D Computer Vision Techniques and Algorithms*. Wiley, 2009.

Arturo de la Escalera Hueso. *Visión por computador. Fundamentos y métodos*. Prentice Hall, 2001.

Víctor Campa Fernández. *Análisis de Imágenes de Microscopía con ImageJ*. CreateSpace, 2017.

Wolgang Förstner and Bernard P. Wrobel. *Photogrammetric Computer Vision. Statistics, Geometry, Orientation and Reconstruction*. Springer, 2016.

David A. Forsyth and Jean Ponce. *Computer Vision. A Modern Approach*. Pearson India, 2nd edition edition, 2011.

Rafael C. Gonzalez and Richard E. Woods. *Digital image processing*. Pearson, 2008.

Rafael C. Gonzalez, Richard E. Woods, and Steven L. Eddins. *Digital image processing Using MATLAB*. McGraw Hill, 2010.

Richard Hartley and Andrew Zisserman. *Multiple View Geometry in Computer Vision*. Cambridge University Press, 2004.

Alfonso Martín Marcos. *Compresión de imágenes. Norma JPEG*. Editorial Ciencia 3, 1999.

James M. Palmer. Radiometry and photometry faq. Technical report, Optical Sciences Center. University of Arizona, Tucson, 2003.

Pierre Soille. *Morphological Image Analysis. Principles and Applications*. Springer, 2nd edition edition, 2004.

Duraisamy Sundararajan. *Digital Image Processing. A Signal Processing and Algorithmic Approach*. Springer, 2017.

José Pereira Uzal. Digital Heritage. URL `http://www.jpereira.net/`.

José Pereira Uzal. *Gestión del color en proyectos de digitalización*. Marcombo, 2013.

Francisco Gabriel Ortiz Zamora. *Procesamiento morfológico de imágenes en color. Aplicación a la reconstrucción geodésica*. PhD thesis, Escuela Politécnica Superior de la Universidad de Alicante, Alicante, 2002.